진보와 빈곤

땅은 누구의 것인가

이 저서는 2006년도 경북대학교 저술장려연구비로 연구되었음.

진보와 빈곤

땅은 누구의 것인가

| 김윤상·박창수 | 헨리 조지 |

살림

e시대의 절대사상을 펴내며

고전을 읽고, 고전을 이해한다는 것은 비로소 교양인이 되었다는 뜻일 것입니다. 또한 수십 세기를 거쳐 형성되어 온 인류의 지적유산을 제대로 이해하고, 그 바탕 위에서 새로운 자기만의 일을 개척할 때, 그 사람은 그 방면의 전문가가 될 수 있을 것입니다. 프랑스의 대입제도 바칼로레아에서 고전을 중요하게 취급하는 까닭도 그와 같은 이유 때문이겠지요.

그러나 예전에도, 현재에도 고전은 유령처럼 우리 주위를 떠돌기만 했습니다. 막상 고전이라는 텍스트를 펼치면 방대한 분량과 난해한 용어들로 인해 그 내용을 향유하지 못하고 항상 마음의 부담만 갖게 됩니다. 게다가 지금 우리는 고전을 읽기에 더 악화된 시대를 살고 있습니다. 변하지 않고 있는 교육제도와 새 미디어의 홍수가 우리를 그렇게 만들고 있는 것입니다.

고전을 읽어야 하지만, 읽기 힘든 것이 현실이라면, 고전에 친근하게 다가갈 수 있는 새로운 방법을 응당 고민해야 하지 않을까요? 살림출판사의 e시대의 절대사상은 이러한 문제의식을 가지고 기획되었습니다. 고전에 대한 지나친 경외심을 버리고, '아무도 읽지 않는 게 고전'이라는 자조를 함께 버리면서 지금 이 시대에 맞는 현대적 감각의 고전을 만들고자 했습니다.

고전의 내용이 지나치게 주관적으로 해석되어 전달되는 위험을 피할 수 있도록 그 분야에 대해 가장 정통하면서도 오랜 연구 업적을 쌓은 학자들이 자신의 경험을 응축시켜 새로운 고전에의 길을 열고자 했습니다. 마치 한 편의 잘 짜여진 다큐멘터리 프로그램을 보듯 고전이 탄생할 수 있었던 시대적 배경과 작가의 주변 환경, 그리고 고전에 담긴 지혜를 재미있게 습득할 수 있도록 내용을 구성했고 난해한 전문용어나 개념어들은 최대한 알기 쉽게 설명했습니다.

이전에 경험하지 못했던 새로운 감각의 고전 *e시대의 절대사상*은 지적욕구로 가득 찬 대학생·대학원생들과 교사들, 학창시절 깊이 있고 폭넓은 교양을 착실하게 쌓고자 하는 청소년들, 그리고 이 시대의 리더를 꿈꾸는 모든 사람들에게 생생하게 살아 숨쉬는 인류 최고의 지혜를 전달할 것이라고 확신합니다.

기획위원
서강대학교 철학과교수 강영안
이화여자대학교 중문과교수 정재서

들어가는 글

오늘날 대한민국 국민이라면 토지 문제의 심각성을 잘 알고 있다. 10년 정도의 주기로 찾아오는 부동산 투기 광풍 때문에 땅 없고 집 없는 서민의 고통은 이루 말할 수 없다. 심지어 부동산 값이 치솟아 덕을 많이 본 땅 주인과 집 주인마저도 자신보다 더 많이 번 사람들을 바라보면서 불만에 가득 차 있다.

우리나라 부동산 문제를 몇 가지만 살펴보자. 첫 번째 문제는 토지 소유가 심하게 편중되어 있다는 점이다. 행정자치부가 발표한 자료에 따르면, 2005년 12월 현재 남한에서는 주민등록 총 세대 1,785만 세대의 60%인 1,070만 세대만이 토지를 소유하고 있다. 또한 토지를 소유한 세대 간의 편중도도 매우 심한 것으로 나타난다. 토지가액 기준의 세대 분포를 살펴보면, 1천만 원~5천만 원 사이가 40.8%로 가장 높은 비중을 차지하며, 10억 원~50억 원은 14만 세대, 50억 원~100억 원은 6,600세대이고, 100억 원 이상의 토지를 소유한 사람도 1,900세대나 된다.

이런 자료를 갖고 분포의 편중도를 나타내는 지니계수를 구해 보자. 지니계수는 극단적인 편중 즉 한 사람이 모든 것을 다 차지할 경우에 1이고, 완전 평등 즉 모든 사람이 같은 몫을 갖고 있을 때 0이 되며, 수치가 1에 가까울수록 편중도가 높다. 세대별 토지 소유 분포의 지니계수는 면적 기준이 0.81, 가액 기준이 0.64로 매우 높다. 이 수치는 토지를 소유하는 세대 간의 편중도를 나타내므로, 토지를 소유하지 않은 세대까지 포함한 전체 세대를 고려해서 지니계수를 구하면 면적 기준이 0.89, 가액 기준이 0.79로 더 높아진다. 우리나라 소득분포의 지니계수는 0.3 전후이고, 금융자산 분포의 지니계수는 0.6 전후라는 사실과 비교해 보면 토지 소유 편중도가 얼마나 높은지 알 수 있다.

두 번째 문제는 지가 상승이 급격하다는 점이다. 한국토지공사의 자료로 과거 30년간 지가 상승률을 5년 단위로 계산해 보면, 최근의 지가 상승률은 그 전에 비해 급하지 않았는데도 최근 5년간(2001년~2005년) 전국 지가 상승률이 24.6%나

된다. 2005년 현재 우리나라 공시지가 총액은 2,176조 원이므로 5년간 지가 상승액이 430조 원에 이른다는 계산이 나온다. 이 엄청난 금액이 모두 토지 소유자에게 불로소득으로 돌아간 것이다. 더구나 토지 소유가 심하게 편중되어 있는 까닭에 불로소득도 상위 계층이 더 많이 차지했다. 토지로 인한 계층 양극화가 얼마나 심한지를 알 수 있다. 이런 문제는 지가 상승률이 훨씬 더 높았던 1990년대 이전에는 더욱 심했다.

세 번째 문제는 주택 문제가 심각하다는 점이다. 토지 가격이 오르면서 주택 가격도 올라 무주택자가 주택을 마련하기가 점점 어려워지고 있다. 부동산 정보업체인 부동산뱅크에 따르면, 2006년 말 현재 전국 아파트 값 총액은 1,439억 원으로, 2005년 말의 1,105조 원보다 334조 원(30.3%)이나 폭등했다. 서울은 한 해 동안 시가총액이 153조 원(34.7%)이 늘어나 2006년 말 현재 593조 원에 이르렀는데, 이는 전국 아파트 시가총액의 41.2%에 해당하는 금액이다. 대한주택공사의 "연도별 아파트 평당 분양가 현황"에 따르면, 수도권 주공아파트 공급가격은 2002년 평당 413만 원에서 2003년 521만 원, 2004년 536만 원, 2005년 610만 원, 2006년 1,218만 원으로 4년 사이에 약 3배나 올랐다. 서민이 3억 원짜리 집 한 채 장만하려면 달마다 100만 원씩 24년을 저축해야 하며(연리 5% 단리 기준), 교육 여건과 생활 여건이 좋은 강남에 10억 원대의 주택을 마련하려면 80년이 걸려야 한다.

주택 소유의 편중 현상도 심각하다. 전체 주택의 5분의 1 이상을 2주택 이상 소유자가 갖고 있다. 2005년 전체 가구의 56%만 자기 집을 갖고 있고, 나머지 44%인 약 700만 가구가 무주택자다. 전국의 주택 보급률은 106%에 이르렀으나, 국민 약 2천만 명은 남의 집에 살고 있다. 또 2005년 현재 전체 세대의 5%에 불과한 다주택 보유자가 전체 주택의 21%를 소유하고 있으며, 상위 10인이 소유한 주택 수가 5,508호, 상위 30인이 소유한 주택 수가 9,923호에 이르는 등 주택 소유의 편중이 매우 심한 상황이다.

이와 같이 토지와 주택에 대한 심각한 소유 편중과 가격 폭등은 우리 사회의 공동체성을 무너뜨리고 있다. 한편에서는 가진 자의 불로소득이 엄청나게 증가하고, 반대편에서는 서민의 '내 집 마련'이라는 소박한 꿈마저 산산조각 나고 있다. 지난 1980년대 말에는 부동산 투기 광풍이 불어 닥쳤다. 1990년 4월 봄 이사철에는 폭등한 전세와 월세 값을 감당할 수 없어 길거리에 나앉은 세입자 17명이 자살하는 참상까지 일어났다.

이와 같이 심각한 부동산 문제를 안고 있는 우리나라에 미국인 헨리 조지Henry George가 쓴 『진보와 빈곤』(1879년)은 시공을 초월해 큰 설득력이 있다. 우리나라 사람들이 헨리 조지의 사상을 알고 동감하게 된 데에는 미국인 대천덕(Reuben Archer Torrey III, 1918~2002) 성공회 신부의 헌신을 다한 노고가 있었다. 대천덕 신부는 강원도 태백의 산골에 수도공동체인 예수원을 설립했는데, 그는 헨리 조지의 사상이 성경의 공의公義와 일치한다고 보고 타계할 때까지 평생 헨리 조지 사상을 열정을 갖고 전파했다.

『진보와 빈곤』에 담긴 헨리 조지의 문제의식의 핵심은 책 제목과 같이, 생산력이 증가하는 '진보'에도 불구하고 생존최저임금이라는 '빈곤'이 발생하는 이유가 무엇인가였다. 이와 같은 문제의식을 갖고 헨리 조지가 탐구한 결과를 요약하면 다음과 같다.

산업혁명 이후 생산력이 눈부시게 발전하고 부가 증가하는 물질적 진보에도 불구하고 빈곤이 사라지지 않는 이유를 흔히 임금기금설과 맬서스의 인구론으로 설명하지만, 이는 옳지 않다. 현실에서 진보와 빈곤이 함께 나타나는 진정한 원인은 생산에 아무런 기여도 하지 않는 지주가 지대地代를 차지하는 것을 합법화하는 토지사유제 때문이다. 그러므로 진보와 함께 나타나는 빈곤을 타파하려면, 개인이 지대를 소유하는 것을 법으로 보장하는 토지사유제를 없애야 한다. 그러나 이미 토지사유제가 관습화된 나라에서는 토지를 공유화할 필요까지는 없고, 단지 해마다 지대를 정부가 환수해 사회가 공유하고 그 대신 다른 조세를 면제하는 지대조세제(land value taxation)를 실시하면 된다. 지대조세제 개혁은 생산을 증대할 뿐만 아니라, 분배 정의를 제고한다. 그리고 궁극적으로 모든 계층에 이익이 되며, 더 높고 고상한 문명으로 나아갈 수 있게 하는 효과가 있다.

헨리 조지의 사상은 이후 많은 사상가들의 뜨거운 지지를 받았다. 그중에 대표적인 사람이 바로 러시아의 대문호인 레프 톨스토이(1828~1910)이다. 우리나라 사람들이 톨스토이의 작품을 좋아하고 많이 읽지만, 그가 헨리 조지의 사상에 공감해 그것을 전파하고 실현하기 위해 끝까지 노력했다는 사실을 아는 사람은 그다지 많지 않다. 톨스토이는 자신의 이상과 신념을 반대한 귀족 가족들 때문에 괴로워하다가 결국 82살의 늙은 몸을 이끌고 집을 떠났다. 사람들이 모스크바 역에서 그를 알아보고 그의 주변에 몰려들어 러시아가 나아가야 할 길에 대해 질문했다. 톨스토이는 가족을 떠난 충격으로 전날 밤 한숨도 자지 못해 마음과 몸이 모두 지쳐 위태로운 상태였지만, 객차 중앙에 서서 30분 동안 혼신의 힘을 다해 헨리 조지가 『진보와 빈곤』에서 제시한 길을 역설했다. 그리고 그 며칠 뒤 어느 작은 기차역에서 톨스토이는 최후를 맞이했다.

톨스토이는 소설 『부활』에서 남자 주인공인 대지주 네플류도프가 땅을 농민들에게 나누어주는 부문에서 헨리 조지의 이름과 주장을 명시적으로 드러내기도 했다. 네플류도프는 농민들에게 토지는 하나님의 것이고, 모든 사람은 토지에 대해 평등한 권리가 있다고 말한다. 이어서 토지 질은 똑같지 않아서 좋은 것도 있고 나쁜 것도 있는데, 누구나 좋은 토지를 갖기를 원한다고 말한 뒤, 토지를 공평하게 나눌 수 있는 최선의 방안이 바로 헨리 조지가 제시한 지대공유제임을 설명한다. 농민들이 각자 받는 토지는 토지 질에 따라 지대를 다르게 매겨 마을 전체가 필요할 때 충당하기 위해 납부하는 방식이다. 네플류도프는 좋은 토지를 갖고 싶은 사람은 비싼 지대를 내고, 나쁜 토지라면 싼 지대를 내면 그만이며, 토지를 갖고 싶지 않다면 한 푼도 내지 않아도 좋다고 말한다. 이에 대해 농민들은 이구동성으로 헨리 조지를 칭찬하며 동의한다. 톨스토이가 『부활』에 이와 같은 내용을 담은 이유는 분명하다. 바로 러시아 토지개혁의 원칙과 방향을 헨리 조지가 『진보와 빈곤』에서 주장한 지대공유제로 해야 함을 드러내기 위한 것이었다.

　『진보와 빈곤』을 읽는 것은 마치 등산하는 것과 같다. 책의 전반부는 기존 관습과 경제학의 개념이 너무 잘못되어 있어서 그것을 일일이 바로잡고 정밀한 새 개념으로 논리 전개를 하기 때문에 산을 오르는 것처럼 조금 힘에 부친다. 그러나 후반부는 산 정상에서 세상을 바라보는 것처럼 지대조세제가 실현된 사회의 아름다운 이상을 읽는 듯해 사람의 마음을 사로잡는다. 미국의 와스만Louis Wasserman 교수는 대학 시절 헨리 조지의 『진보와 빈곤』을 읽고 "빛이 비치고 종이 울리는 느낌"이 들었다고 표현한 바 있다. 공동 저자인 우리 역시 『진보와 빈곤』을 읽으면서 '이것이다!' 하는 느낌을 받았다.

헨리 조지가 제시한 지대조세제는 우리가 통일을 할 때, 남한의 자본주의와 북한의 사회주의를 모두 개혁하면서 이루어야 할 경제체제의 핵심이다. 그리고 빈곤으로 고통받고 있는 전 세계의 가난한 사람들의 문제를 상당히 해결할 수 있는 대안이다.

헨리 조지는 『진보와 빈곤』 맨 첫머리의 헌정사에서 다음과 같이 썼다. "부와 특권이 불평등하게 분배되어 발생하는 죄악과 비참을 보면서 더 나은 사회를 이룩하는 것이 가능하다고 믿고 이를 위해 노력하려는 독자에게 바친다." 우리는 이 책을 우리 시대의 분단과 빈곤 문제 앞에서 길을 찾아 고뇌하는 독자에게 바친다.

2007년 2월

김윤상·박창수

| 차례 | 진보와 빈곤

e시대의 절대사상을 펴내며 04
들어가는 글 06

1부 시대·작가·사상

1장 헨리 조지와 『진보와 빈곤』
인쇄공에서 기자가 되기까지 22
『진보와 빈곤』을 쓰다 32
세계 사상계와 종교계에 미친 영향 53

2장 『진보와 빈곤』의 핵심 사상
『진보와 빈곤』의 핵심 내용 58
임금기금설과 인구론에 대한 비판 61
진보와 빈곤의 원인과 해결책 70
개혁의 효과와 인간 진보의 법칙 83

3장 헨리 조지와 지공주의에 대한 평가와 전망
경제학자로서 헨리 조지 98
지공주의 102

2부 본문

1장 저자 서문
저자 서문 122

2장 진보 속의 빈곤, 그 원인을 찾아서
진보 속의 빈곤 132
빈곤은 사회제도 탓 138
토지, 노동, 자본, 부 143
지대, 임금, 이자, 이윤 152
생산과 분배 158
협동과 경쟁 162

3장 토지사유제가 문제다

토지사유제는 정의롭지 않다	168
토지사유제와 노예제는 닮은 꼴	174
토지사유제는 빈곤의 원인	178
근본 대책은 지대 환수	185
지대 환수의 효과	189
토지 소유자에 대한 보상은 안 된다	195
토지 사용과 토지사유제	201

4장 개혁의 길

우리가 할 일	206
정부의 임무	211
종교의 임무	214
인간 진보의 법칙	220
자유는 고귀하다	226
사회주의의 문제	232
자유무역론	237

3부 참고문헌과 연보

헨리 조지의 다른 저작	244
지공주의 자료 및 기관 안내	251
헨리 조지 연보	257
주	266

1부

시대·작가·사상

헨리 조지는 가난 때문에 공식교육을 14세에 마쳤지만 평생 독서에 힘썼고, 결국 세계 사상계의 거목이 되었다. 16세 때 선원이 되었고, 그 뒤에도 가게, 광산, 인쇄소, 방앗간, 농장에서 온갖 노동을 다했다. 그리고 아주 비참한 빈곤을 경험했는데, 이는 헨리 조지가 훗날 자신의 사명을 다하는 데 큰 힘이 되었다. 헨리 조지가 활동한 19세기 후반의 미국은 급속한 공업화로 물질적 진보를 구가하고 있었으나, 동시에 실업과 저임금에 따른 비참한 빈곤이 대도시에서 나타나고 있었다. 헨리 조지는 극도의 사치와 비참한 빈민가가 공존하는 뉴욕의 대로에서, 엄청난 물질적 진보가 일어나는데 왜 빈곤의 문제가 해결되지 않는가에 대해 고민하면서, 진보와 빈곤이 함께 나타나는 문제의 원인을 발견하고 없애는 일에 온힘을 다하기로 맹세했다. 그 뒤 헨리 조지는 진보와 빈곤이 함께 나타나는 이유가 바로 토지 문제에 있음을 깨닫고, 대표작 『진보와 빈곤』을 집필했다.

1장

헨리 조지와 『진보와 빈곤』

인쇄공에서 기자가 되기까지

1820년대에서 1860년대까지 미국은 산업혁명을 수행했다. 산업혁명으로 아주 빠르게 진행된 공업화는 남북전쟁 이후에 더욱 가속화되었다. 1인당 산출이 눈에 띄게 증가했고, 1850년 이후에는 증기력이 생산과 운송에 도입되면서 미국의 경제구조는 크게 변했다. 철도 건설은 이러한 변화에 특히 중대한 영향을 미쳤다. 1830년에 최초로 철도가 건설된 뒤 1869년에는 대륙횡단철도가 완성되었고, 1880년대 말에는 간선철도가 대부분 완성되었다.

철도는 미국의 국내 시장을 통일했고 서점운동西漸運動을 자극했으며, 공장제 생산의 파급을 촉진했다. 이러한 급속한 공업화의 결과, 1840년만 해도 전 세계 공업 생산의 11%에 불과했던 미국의 공업 생산액이 1880년에는 28%로서 영국과 어깨를 나란히 했다. 또 1890년에는 31%로서 영국을 제치고 세계 1위 자리에 올라섰다.

그런데 이런 엄청난 진보는 부작용을 낳았다. 빈곤과 실업이 대도시 지역에서 나타났고, 토지가치는 투기의 영향으로 상승했다. 헨리 조지가 『진보와 빈곤』을 집필하기 시작한 1877년에는 마침내 산업 불황이 찾아왔다. 미국 전 지역이 불황으로 고통을 받았고, 대다수 도시가 무질서에 빠졌다. 동부에서는 대규모 철도 파업이 일어났으며, 여섯 개 주에서는 군대가 무장한 채 경계 태세를 갖추었다. 볼티모어에서는 폭동이 일어났고, 시카고에서는 폭동을 진압하기 위해 화기를 사용했다. 피츠버그에서는 200명 이상의 사상자가 나왔다. 캘리포니아도 예외는 아니었다. 게다가 캘리포니아는 가뭄까지 겹쳐 불황이 더욱 악화되었다. 샌트럴 퍼시픽 철도회사가 임금을 삭감하려고 하자, 노동자들은 이에 대응해 노동운동을 벌였다.

19세기 미국의 개혁 운동과 초기 노동운동은 생산자주의(producerism)의 영향을 많이 받았다. 생산자주의는 사회를 생산자와 기생 계층으로 구분하고, 생산자가 자신의 노동 생산물을 전부 소유해야 한다고 주장하는, 숙련 노동자 중심의 이념이었다.

헨리 조지는 이와 같은 진보 속의 빈곤, 산업 불황이 일으킨 전국적인 소요 사태, 그리고 생산자주의의 영향이라는 시대를 배경으로 『진보와 빈곤』을 집필하게 된 것이다. 그럼 헨리 조지의 일생을 각 시기별로 나누어 살펴보자.

비참한 가난 체험

헨리 조지는 미국 필라델피아에서 태어났다. 영국계인 부모는 독실한 신앙을 갖고 있었다. 아버지는 성공회의 기도서와 주일학교 교재를 취급하는 소규모 출판업자였고, 어머니는 전직 교사였다. 그러나 아버지의 사업이 기울자 헨리 조지는 만 14살이 되기도 전에 공식 교육을 마치고 말았다. 소년 헨리 조지는 도자기 가게, 해상보험 사무소 따위에서 심부름을 하면서 돈을 벌었다. 하지만 집에서 셰익스피어의 작품이나 시집, 역사책, 여행기 등을 늘 읽었고 성경도 손에서 놓지 않았다. 헨리 조지는 퀘이커도서관(Quaker Apprentice's Library)을 열심히 드나들며 책을 아주 많이 읽었다. 또한 프랭클린 기념관(Franklin Institute)에서 열리는 과학 강좌에도 참석했고, 친구들과 토론회를 만들어 다양한 주제에 대해 열렬히 토론했다.

헨리 조지는 16살 때 선원이 되어 호주와 인도까지 항해를 했다. 그때 쓴 편지나 항해일지를 보면 뛰어난 관찰력과, 가난과 전제 권력에 희생당한 사람들을 동정하는 마음을 느낄 수 있다. 항해를 마치고 필라델피아에 돌아왔지만 세상살이는 더 어려워져 있었다. 미국 동부 쪽은 별로 희망이 없어 보였다. 그래서 헨리 조지는 인구가 적은 지방으로 가는 것이 나을 것이라고 생각해서 여객선의 승무원으로 취업해 마젤란 해협을 지나 샌프란시스코로 갔다. 그러나 당시 서부해안 쪽도 경제 불황이 휩쓸고 간 직후였다. 헨리 조지는 가게, 광산, 인쇄소, 방앗간, 농장에서 온갖 일을 했는데, 인쇄공으로 제일 오래 일했다. 그리고 노동조합에도 가입했다.

헨리 조지는 만 21세(당시의 성년)가 된 지 얼마 뒤 애니 팍스Annie Corsina Fox라는 여성을 만나 연애를 했다. 17세인 이 아가씨는 호주에서 태어나 로스앤젤레스의 수녀원 학교를 다녔다. 당시에는 부모를 여의고 부유한 삼촌 집에서 살고 있었다. 삼촌은 가난한 인쇄공인 헨리 조지가 탐탁치 않아서 결혼을 승낙하지 않았다. 그러자 사랑에 빠진 연인들은 도망을 쳤다. 헨리 조지는 결혼식 비용과 결혼 예복까지 빌려서 식을 올렸다.

오래지 않아 헨리 조지는 새크라멘토의 유력한 신문사의 인쇄 부서에서 일하게 되었다. 이제 빚도 갚고 부모에게 돈도 부칠 정도로 형편이 나아졌다. 그러나 3년 정도 지나서 상사와 마음이 맞지 않아 해고당하고 말았다. 게다가 얼마 안 되는 저축마저 광산 주식에 투자했다가 날려 버렸다. 헨리 조지는 다시 샌프란시스코로 돌아갈 수밖에 없었다. 이때부터 13개월 동안은 절망스런 가난의 세월이었다. 실직자가 넘치고 있었기 때문에 헨리 조지도 확실한 직장을 잡지 못했다. 닥치는 대로 세탁일도 하고 임시로 인쇄소에서 일하기도 했다. 얼마 뒤 동업으로 작은 인쇄소를 차렸지만 입에 풀칠하기도 힘들었다.

물론 결혼 전 가난할 때도 어려웠지만, 불어나는 가족을 먹여 살리는 것은 더욱 힘들었다. 아내는 다시 임신을 했지만 하루 종일 바느질을 해서 집세를 내는 데 보탰다. 패물은 할머니가 준 결혼반지만 빼고 모조리 팔았다. 둘째 아이가 태어날 무렵에는 가난이 극에 달해 있었다. 친절한 이웃 사람이 준 빵 한 덩이 말고는 집 안에 먹을 것이라고는 아무것도 없었다. 의사는 아기를 목욕 시키고 산모가 굶

헨리 조지와 두 딸. 셋째 아이이자 맏딸인 제인 테레사 조지와 막내인 안나 안젤라 조지(유명한 안무가 아그네스 드 밀의 어머니).

주리고 있으니 음식을 먹이라고 했다. 음울하게 비가 내리던 그날 저녁, 헨리 조지는 수입금이 있는지 보려고 인쇄소에 들렀지만 헛수고였다. 헨리 조지는 잘 차려입은 신사가 지나가자 아내가 해산했는데 음식을 살 돈이 없다고 하면서 5달러를 구걸했다. "너무 절망스런 상태였기 때문에, 만일 그 사람이 돈을 주지 않았다면 살인을 할 수도 있었다"고 헨리 조지는 나중에 회상했다.

헨리 조지는 일생 동안 가난에 쪼들려 살았지만 이때처럼 극심한 빈곤에 시달린 적은 없었다. 그러나 이때의 경험이 그의 내면에 깊이 작용해 일생일대의 사명을 이룩하는 데 큰 힘이 되었다.

뉴욕의 대로에서 한 맹세

1865년, 헨리 조지는 링컨 대통령의 암살 소식을 들었다. 노예제 철폐론자인 그는 격분해서 짧지만 열정에 가득 찬 추도문을 써서 자신이 인쇄공으로 일하고 있던 신문 「알타 캘리포니아Alta California」에 기고했다. 이 글이 신문의 머리글로 실렸고, 편집자는 글을 쓴 사람이 헨리 조지임을 알게 되어 그를 발탁해 기사를 쓰도록 했다. 이 일이 계기가 되어 헨리 조지는 언론계 생활을 시작했다. 여러 신문에서 헨리 조지를 자유기고가로 인정하게 되었고, 그는 기자와 논설위원도 했다. 1867년에는 샌프란시스코「타임즈」의 편집국장이 되었고, 1868년에는 샌프란시스코「크라니클Chronicle」의 편집국장으로 자리를 옮겼다. 1871년에 헨리 조지는 자신이 설립한 신문인 샌프란시스코「이브닝 포스트」의 편집인이 되어 4년 동안 일했다. 이 신문은 정치적으로 독자 노선을 취했고, 부정부패를 과감히 파헤쳐 폭넓고 열렬한 지지를 받았다. 이 신문 때문에 헨리 조지는 여러 차례 용기를 발휘해야 했다. 원생을 잔인하게 다루는 소년원을 취재한 기사 때문에 원장이 권총을 휘두르기도 했다. 또 술 취한 사람을 학대한 경관을 불법감금죄로 고발했고, 도박업계와 유착 관계인 경찰서장에 대한 보도 때문에 경찰서장의 심복 부하가 권총으로 위협하기도 했다. 그리고 세 사람을 납치해 배에 가두고 혹독하게 일을 시켜 자살하게 만든 선장과 선원을 개인적으로 고발해 유죄판결을 받게 했다.

    헨리 조지는 언론인 생활을 하면서 사회문제에 대해 깊이 있는 사고를 하게 되었다. 사설에서 지방자치제와 보조금, 자유무역, 지폐 발행 제도, 비례대표제, 투표제도 개혁, 여성의 권리와 같은 여러 문제를 다루었다. 월간지「오버랜드 먼슬리Overland Monthly」에 "철도가 우리에게 미칠 영향"이라는 글을 실어, 캘리포니아와 미국 동부를 연결하는 철도 건설 열기에 찬물을 끼얹기도 했다. 이 글에는 훗날 『진보와 빈곤』에 나타난 문제의식이 초보적 형태로 포함되어 있다. "철도가 완성되어 산업과 인구가 늘어나면 우리 모두에게 좋은 것이 아니라 몇몇 사람만 좋다. 일반적으로 (물론 예외는 있지만) 가진 자는 더욱 부유하게 되고 못 가진 자는 더욱 곤란하게 될 것이다. 토지, 광산, 기업, 특수한 기술을 가진 몇몇 사람들은 철도 때문에 수입도 늘어나고 기회도 많아진다. 그러나 노동 말고는 가진 것이 없는 사람들은 더 가난해지고 살기가 어려워진다."

그 뒤 헨리 조지는 신문사의 뉴욕 특파원으로 반 년 동안 파견 근무를 했다. 극도의 사치와 비참한 빈민가가 공존하는 뉴욕의 대로에서, 헨리 조지는 물질은 엄청나게 진보하는데 빈곤의 문제가 해결되지 않는 이유를 캐묻기 시작했다. 가난을 직접 겪어 본 그는 당시 학교에서 배운, 빈곤은 물질이 부족해서 생기는 어쩔 수 없는 문제라는 가르침을 결코 받아들일 수가 없었다. 1883년 2월 1일에 아일랜드의 토마스 도슨 Thomas Dawson 신부에게 당시를 회상하면서 쓴 편지는 다음과 같다. "어느 날, 대낮이었는데 시내 거리에서 그것들이 하나의 생각, 하나의 이상, 하나의 소명으로 나에게 다가왔습니다. 그것을 무엇이라 하든지 간에 당신께서 편리한 대로 부르십시오. 그러나 저는 온 신경이 다 떨렸습니다. 그리고 그때 그곳에서 저는 맹세를 했습니다." 헨리 조지는 진보와 빈곤의 문제, 곧 부가 증가하는 진보하는 사회에서 많은 사람이 빈곤으로 고통당하는 문제의 원인을 발견하고 제거하는 일에 온힘을 쏟기로 맹세했다.

샌프란시스코로 다시 돌아온 헨리 조지는 「헤럴드」지에서 편집과 식자, 그리고 몇 편의 글을 썼다. 그는 뉴욕에서 경험한 것을 바탕으로 전신·통신회사와 철도회사의 독점적 횡포를 막는 투쟁을 벌이고자 했으며, 캘리포니아의 토지가 대규모로 부동산 투기의 대상이 되는 것을 막고자 했다. 그러나 여전히 안정된 직장을 구하지 못해서 그날그날의 생계를 걱정해야 할 처지였기 때문에 이런 일들을 실행할 수 없었다. 또 진보와 빈곤 문제에 관한 연구도 제대로 진행할 수 없었다. 그런데 마침 민주당 계열의 「트랜스크립트Transcript」지가 헨리 조지에게 편집위원 자리를 제안했다. 헨리 조지는 제안을 받아들여 우선 안정된 수입을 확보한 다음에 예전부터 연구하고자 했던 진보와 빈곤 문제를 계속 탐구하기를 원했다.

이때는 대륙횡단철도가 완성된 지 채 몇 달이 지나지 않은 때였다. 캘리포니아의 종착지는 새크라멘토에 있었으나, 오클랜드까지 확장하고자 하는 움직임이 있었다. 열차가 들어옴으로써 샌프란시스코와 견줄 만큼 많은 인구를 가진 대도시 오클랜드에서도 이득이 있을 것이라고 기대한 것이다. 사람들은 인구가 늘어나면 토지가치도 높아질 것이라 생각하고 될 수 있는 한 토지를 많이 구입하려고 했다. 결국 토지 투기는 토지에 대한 실수요를 앞질러 버렸고, 땅값은 폭등했다.

헨리 조지는 어느 날 말을 타고 가다가 부의 증가와 빈곤의 증가가 함께 나타나는 이유를 순간 깨달았다. "생각에 빠져 야산을 달리다 보니 말이 지치고 말았다. 숨을 돌리기 위해 잠시 쉬면서 지나가는 일꾼에게 인사 삼아 땅값이 얼마나 되느냐고 물어 보았다. 그 사람은 멀리 있어 쥐만한 크기로 보이는 풀을 뜯는 소를 가리키며 말했다. '잘 모르지만 저 너머 땅을 팔려는 사람이 있는데, 1에이커에 1천 달러라고 하데요.' 이때 부의 증가와 빈곤의 증가가 함께 나타나는 이유가 머릿속에 영감처럼 번쩍였다. 인구가 늘어나면 토지 가치가 오르고, 토지가 필요한 사람은 돈을 더 내야 한다. 나는 이 이치를 깊이 생각했고, 그 생각은 그 뒤로 나에게서 떠나지 않았다."

『진보와 빈곤』을 쓰다

 1871년 3월 26일 일요일 저녁에 헨리 조지는 작업실에 앉아서 『우리의 토지와 토지정책』이라는 책을 쓰고 있었다. 이 책에는 『진보와 빈곤』의 논리와 결론의 싹이 보이기 시작한다. 토지에 세금을 부과하는 것은 생산에 세금을 부과하는 것과는 다르다는 것을 주장하며, 지대세는 다른 모든 세금들 중에서 가장 공평한 것이라고 썼다. 그것은 가격 전가의 효과가 없으며, 생계비용에도 영향을 미치지 않는다고 했다. 또 지대세를 부과하면 토지 가격은 내려가고, 투기는 사라질 것이며, 토지를 독점해도 더는 이익을 남기지 못할 것이라고 했다. 아울러 생산과 교환활동에 대한 모든 세금들을 없앨 수 있을 것이라고 썼다.

이 글에는 중세의 봉건제도를 언급하고 있다. 토지를 4등분해 국가의 경비, 군대, 교회와 구제를 필요로 하는 사람들을 위해 사용하고, 나머지 4분의 1은 공공소유로 모든 사람들이 쓸 수 있도록 한 제도였다. 영국인 앤드류 비셋Andrew Bisset이 쓴 "국가의 힘The Strength of Nations"이라는 글에서 만일 영국이 계속해서 그러한 봉건제도를 유지했다면, 정부 재정에서 단 1페니의 비용도 들이지 않고서 군인 60만 명을 보유할 수 있을 거라고 추정했다는 내용을 인용하면서, 헨리 조지는 토지에 대해 공적 성격의 세금을 부과하는 것을 옹호했다.

헨리 조지는 이 글을 다른 학자들의 저작에 의지하지 않고 자신의 사고력으로 썼다. 이러한 사실은 훗날 1889년 10월 19일 뉴욕의 「스탠다드The Standard」지에 실린 그의 글에 잘 나타나 있다. "내가 처음으로 우리 사회의 문제점들의 뿌리가 무엇인가 알아보고자 했을 때, 그리고 어떤 방법으로 토지가치에 세금을 집중해서 이 근원적인 잘못을 가장 쉽게 치유할 것인가를 알아보고자 했을 때, 내가 기억하는 바로는 어떤 의식적인 도움 없이 나 스스로 전반적인 모든 일들을 시작했다. 다만 봉건제도의 경제 특성에 관해 비셋의 "국가의 힘"에서 얻은 몇 가지 생각들이 있을 뿐이다. 내가 『우리의 토지와 토지정책』을 출간할 때 중농학자들과 단일세에 대해서는 전혀 듣지 못했다. 그러나 그것이 정말 내가 보았던 별(星)이라면, 다른 사람들 역시 그것을 틀림없이 보았다는 것을 알고 있었다."

헨리 조지는 『우리의 토지와 토지정책』에서 임금법칙을 다룰 때, 일정액의 기금에서 노동자의 임금이 나오기 때문에 노동자의 수가 많아지면 임금도 감소한다는 당시의 통설을 거부했다. 그리고 높은 임금과 높은 이자율은 토지가 독점화되지 않은 상태에서 발견될 수 있다는 견해를 제시했다. 따라서 신대륙에서는 노동 가치가 가장 높으며, 토지는 가치의 최저 수준에 있지만, 인구가 늘어나고 토지가 독점화되면 노동 가치는 점차 감소한다고 밝혔다. 이 깨달음을 심화해서 헨리 조지는 부가 증가해 물질적으로 진보하는데도 빈곤이 사라지지 않고 오히려 심해지는 '진보 속의 빈곤'의 원인이 바로 토지 문제에 있음을 밝히고 해결책을 제시하기 위해 『진보와 빈곤』을 집필했다. 1877년 9월 18일, 그의 일기장에는 다음과 같은 간단한 글이 있다. "『진보와 빈곤』을 시작하다."

헨리 조지.

헨리 조지는 처음에는 잡지에 '진보와 빈곤'이라는 주제로 사설을 쓰려고 했다. 산업 불황과 부의 증가가 빈곤의 증가와 동행하는 근원을 조사해서 해결 방법을 제시하려고 했다. 그는 우선 초고를 다 쓴 다음, 절친한 친구인 테일러Edward R. Taylor 박사에게 논평을 부탁했다. 그리고 다른 사람들에게도 비평을 부탁했는데, 그들 대부분은 깊은 인상을 받고 조지에게 좀 더 내용을 확대해 써 보라고 했다. 헨리 조지는 그 작업이 쉽지 않은 것은 알았지만, 자신 역시 필요성을 느꼈기 때문에 우선 지대 문제를 살피는 것에서부터 출발했다.

헨리 조지의 친구들 중 몇 사람은 그의 생각에 찬성하는 의미에서 헨리 조지가 제시하는 원칙들을 기초로 해서 모임을 결성하고자 했다. 1877년 말, 그들은 헨리 조지를 만나서 『우리의 토지와 토지정책』에 관해 이야기를 나누었다. 이러한 모임이 꾸준히 이어지면서 '캘리포니아 토지개혁연맹'이 결성되었다. 이 연맹은 토지 독점 철폐가 목적이었는데, 헨리 조지의 사상을 세상에 널리 알리려고 한 첫 조직이었다.

헨리 조지는 『진보와 빈곤』을 쓰면서 가끔씩 강연도 했지만, 계속 되풀이해서 교정하고, 내용을 추가하거나 줄이고, 세련되게 문장을 다듬는 등 집필에 매달렸다. 글쓰기에 관한 그의 좌우명은 "읽기 쉬운 글을 만드는 것은 고된 글쓰기를 통해서"였다. 헨리 조지는 다른 사람들이 편하게 읽을 수 있도록 자신과는 힘들게 싸움을 하면서 인내했다.

세상을 놀라게 할 책을 쓰고 있었지만 정작 자신은 그것을 예상하지 못했다. 끊임없이 '과연 이 모든 노력들이 얼마나 희망이 있을까? 이런 희생이 얼마나 유익할까?' 하는 생각이 들었지만, 자신이 진실을 적고 있다는 사실이 그에게 꾸준히 글을 쓰도록 만들었다. 이러한 내적인 갈등과 함께 채무 같은 외적인 어려움들도 겹쳐 있었다. 한때는 급하게 현금이 필요해서 시계를 전당포에 잡히기도 했다.

이렇듯 상황이 좋지 않았지만 1879년 3월 중순에 마침내 그는 작업을 마쳤다. 일을 시작한 지 1년 반 만이었다. 그의 다른 저서인 『정치경제학』 서문에서 그날 밤의 경험을 다음과 같이 적고 있다. "내가 『진보와 빈곤』의 마지막 장을 끝낸 그날 밤에 나에게 주어진 달란트가 이것이구나 하고 느꼈으며, 내 발 아래에 세상 모두가 놓여 있는 것보다 더 완전한 만족감에 깊은 감사를 느꼈다." 그날 밤에 대한 다른 묘사는 그로부터 4년 뒤인 1883년 2월 1일에 토마스 도슨 신부에게 쓴 편지에도 나타난다. "(진보와 빈곤의) 마지막 페이지를 마쳤을 때 저는 혼자 있었는데, 그때 무릎에 몸을 파묻고 어린 아이처럼 흐느꼈습니다. 그 휴식은 주님의 손길 안에 있었습니다."

헨리 조지가 40살이 되는 해에 출간한 『진보와 빈곤』은 여느 정치경제학 서적과는 달랐다. 딱딱한 통계나 수학을 쓰지 않고 시와 철학, 심지어 힌두교의 명구까지 인용했다. 자신의 경험에서 우러나온 분명하고 친근한 예를 들었기 때문에 명료한 분석이 더욱 살아 움직이는 듯했다. 폭과 깊이를 갖추어 논의함으로써 미진한 구석이 없었다. 순수한 경제 논리를 펴면서도 "경제법칙과 도덕법칙은 원래 하나"라는 신념을 갖고 도덕과 정신을 고찰하는 것도 주저하지 않았다.

책이 처음 나왔을 때 대체로 평은 좋았지만 많이 팔리지는 않았다. 값이 싼 페이퍼백으로도 출판되고 독일어로도 번역되자 나중에는 책이 많이 팔리기 시작했다. 헨리 조지는 대중 강연도 하고 유명 잡지에 기고도 해 많은 돈을 벌어들였다.

아일랜드 토지개혁운동

당시 서구 세계에서 토지 문제가 가장 심각한 나라는 아일랜드였다. 아일랜드의 소작인은 터무니없는 소작료를 착취당하고 있었다. 주로 영국인인 부재지주不在地主는 언제라도 소작인들을 쫓아낼 수 있었다. 그때 파넬Charles Parnell과 대빗Michael Davitt이 이끄는 아일랜드 토지연맹(Irish National Land League)이 결성되어 봉기가 일어날 분위기가 무르익고 있었다. 이 연맹은 미국에도 2,500개 지부가 있었다. 대빗은 뉴욕을 방문했을 때 헨리 조지를 만나서 『진보와 빈곤』을 아일랜드와 영국에 널리 보급하겠다고 약속했다.

한편 헨리 조지는 그의 사상을 요약해 『아일랜드의 토지문제The Irish Land Question』라는 작은 책자를 발행했는데, 이 책은 대서양 양쪽에 큰 충격을 주었다. 또한 뉴욕의 아일랜드계 최대 신문인 「아이리쉬 월드Irish World」는 헨리 조지를 아일랜드와 영국에 취재 겸 강연 목적으로 파견했다. 헨리 조지는 수많은 청중을 열광하게 했고 영향력 있는 지지자도 얻었다. 지지자 중에는 미스Meath의 널티Nulty 주교, 클론퍼트Clonfert의 더간Duggan 주교와 같은 고위 성직자도 있었다. 골웨이Galway에서는 영국 당국이 헨리 조지를 위험 인물로 지목해 두 차례나 체포되고 잠시 투옥되기도 했는데, 이 사건은 세계적인 뉴스가 되었다.

이렇게 1년 동안 외국에서 보내고 귀국하자 헨리 조지는 미국에서 저명인사가 되어 있었다. 『진보와 빈곤』도 크게 성공했다. 책은 꾸준히 팔려 나갔고, 10여 개의 외국어로 번역되었다. 1900년까지는 영어로 쓰인 논픽션 분야에서 성경 다음으로 많이 나간 책이 되었다. 헨리 조지가 첫 출간본이 나왔을 때 책과 함께 아버지에게 보낸 편지의 구절이 그대로 실현된 것이다. "처음 얼마간은 이 책을 알아주지 않을 것입니다. 그러나 결국에는 위대한 책으로 인정받아 전 세계에서 발행되고 여러 나라말로 번역될 것입니다."

헨리 조지는 가식이 없었고, 옷이나 생활이나 행동도 소박하고 격식을 차리지 않았다. 그러나 자신의 가치를 바로 인식하고 있었고, 부당한

헨리 조지가 워낙 유명해지자 그의 명성을 이용해 시가 광고까지 등장했다.

모욕은 참지 않았다. 그렇다고 다른 사람들과 잘 어울리지 못한 것은 아니다. 원칙에 관한 것이면 타협하지 않았고, 자신이든 남이든 부당한 대우를 받으면 분명하게 지적하는 성격이었다. 이런 성격이 한 직장에 오래 머물지 못한 한 가지 원인이었다. 그러나 용서도 쉽게 했다. 「크라니클」에서 편집국장으로 있을 때는 과거에 그를 해고한 인쇄감독을 자기 회사에서 일할 수 있도록 했다. 또한 대부분의 열성 운동가와 달리 헨리 조지는 우스개 소리도 좋아했고 유머감각도 있었다. 남을 악의 없이 골려주기도 했고 자신을 농담의 소재로 삼기도 했다. 잘난 체하거나 뻐기는 것을 싫어했고 재산이나 사회적 지위로 사람을 차별하는 일이 없었다. 아무리 일이 많아도 남을 돕는 일에는 시간을 아끼지 않았다. 예를 들어 아이가 갖고 놀던 인형이 고장 나면 고쳐주고, 낯선 사람이라도 글을 모르면 대필도 해주고, 신입 기자나 인쇄공에게는 자신의 경

험을 나누어주었다.

사회주의자들과 충돌, 지주들에 대한 보상 거부

1883년에 헨리 조지는 둘째 주요 저서인 『사회문제 Social Problems』를 출판했다. 그 이듬해인 1884년에는 영국의 토지개혁연맹(Land Reform Union)의 초청을 받아 영국에 갔다. 헨리 조지가 영국에 도착했을 때 그는 더욱 유명해져 있었다. 왜냐하면 값이 6페니인 『진보와 빈곤』이 4만 권 이상 팔렸기 때문이다. 그 책이 담고 있는 내용과 주장은 뜨거운 논쟁거리가 되었다. 신문과 일반 강연, 그리고 대학에서도 자주 등장했다. 국회의원인 케임브리지의 헨리 퍼싯Henry Fawcett은 헨리 조지가 제시한 방안을 연구한 끝에 자신의 저서 『정치경제학 해설 Manual of Political Economy』에 그 내용을 실었다. 하지만 특권층들은 경계의식을 느꼈다. 브램웰Bramwell 경과 같은 사람은 '자유 및 소유권 보호연맹(Liberty and Property Defense League)'을 통해 헨리 조지를 비난하기 시작했다.

영국의 토지개혁연맹을 움직이고 있던 사람들은 헨리 조지가 참여할 캠페인을 조직했다. 영국 본토의 주요 도시와 마을 대부분에서 연설할 예정이었으며, 캠페인은 1884년 1월 9일 런던의 성 제임스 홀에서 시작할 계획이었다. 그러나 헨리 조지는 이에 앞서 두 가지 문제를 해결해야만 했다. 첫째는 사회주의자들과의 관계였고, 둘째는 토지 보상에 관한 문제였다.

챔피온H. H. Champion과 프로스트P. B. Frost는 각기 토지개혁연맹의 회계와 서기를 맡고 있었다. 하지만 그들은 『진보와 빈곤』의 개인주의보다 오히려 몇 개월 전 런던에서 숨을 거둔 칼 마르크스의 사회주의를 따르고 있었다. 이 두 사람은 헨리 조지가 자신의 개혁에 사회주의 정책을 포함해서 토지의 공유뿐만 아니라 기계류를 포함한 모든 자본의 국유화를 주장할 것을 요구했다. 그렇지 않으면 사회주의자들은 헨리 조지의 캠페인을 반대할 수도 있다고 말했다. 그러나 헨리 조지는 미국에 있을 때 토지개혁연맹이 자신의 정책에 관해 연설해주기를 요청했기 때문에 영국에 온 것이며, 만일 그것이 싫다면 그것은 싫어하는 사람의 문제일 뿐이라고 말했다. 그들의 요구를 받아들일 수 없었던 것이다. 챔피온과 프로스트는 더 반대할 수가 없었으나, 사회주의운동의 지도자인 하인드먼H. M. Hyndman은 이때부터 헨리 조지에 대해 은근히 반대하기 시작했다.

헨리 조지가 해결해야 할 다른 문제는 토지 보상에 관한 문제였다. 그는 『진보와 빈곤』에서 지주에게 보상하지 않고 지대세를 부과해 지대를 공유화해야 한다고 주장했다. 이 주장은 헨리 조지의 제안에 반대하는 사람들이 가장 많이 내세우는 이유였다. 토지개혁연맹의 회원들 중 몇 사람도 가능한 헨리 조지가 이 문제에 관해서는 이야기하지 않거나 아니면 온건한 방식으로 연설을 해줄 것을 부탁하기도 했다. 그들의 부탁을 들은 헨리 조지의 대답은 간단하고 분명했다. 토지에 대한 권리가 모든 사람들에게 속한 것인가, 아니면 스스로 지주라고 부르는 사람들에게만 속한 것인가? 만일 후자라면 토지는 당연히 그들이 원하는 대로 이용할 만한 이유가 있고, 전자라면 지금과 같은 상태는 즉시 개선되어야 하며, 그 과정에서 지주들이 1페니의 돈도 보상받을 권리가 없다고 말했다. 보상을 해준다는 것은 곧 지주의 토지소유권을 허용해준다는 뜻이었다.

영어권 국가에서 불타오른 지공주의 운동

헨리 조지는 미국뿐만 아니라 캐나다, 아일랜드, 영국, 호주, 뉴질랜드에서도 강연했다. 그의 영향으로 이들 영어권 국가들에서 지공주의 운동이 거세게 일어났다. 특히 영국 토지개혁연맹의 초청을 받아 성 제임스 홀에서 한 강연은 크게 성공했다. 사회 각 분야의 여러 계층의 사람들로 꽉 찬 강당에서 조지는 열띤 연설을 했다. 그는 이어서 플리머스와 카디프, 브리스톨과 버밍엄에서도 청중의 큰 박수와 호응을 받으며 연설을 한 다음 스코틀랜드로 갔다.

최근 2년 동안 스코틀랜드 역시 토지 문제로 몸살을 앓고 있었다. 서부 지역 섬들의 소작농들이 집단으로 들고 일어났는데, 이들은 물리력을 동원해서 대지주들의 토지 독점을 반대하고 나섰다. 글래스고Glasgow에서 급파한 경찰 병력이 소작농들을 진압했으나, 일반 시민들은 소작농들에게 많이 기울어져 있었다. 왕립위원회는 이 문제에 관해 조사한 뒤 소작료 인하를 처방책으로 제시했지만 완전한 해결책은 아니었다. 재산, 소유, 평등권, 정의 같은 문제들이 중요한 문제로 제기되었다.

이러한 상황에서 헨리 조지의 정책은 명확하고 간단했다. 헨리 조지는 하일랜드Highlands(스코틀랜드의 북부와 북서부 일대)의 가난한 소작인을 상대로 외할아버지의 고향인 글래스고의 시청 앞에서 두 차례 연설을 했다. 첫 번째 연설이 끝난 뒤 약 5백 명이 남아서 '스코틀랜드 토지회복연맹(Scottish Land Restoration League)'을 결성했다. 두 번째 연설 뒤에는 가입자가 2천 명으로 불어났고, 에딘버러Edinburgh, 던디Dundee, 애버딘Aberdeen, 인버니스Inverness 등지에 지부가 설립되었다. 헨리 조지가 스코틀랜드에서 한 강연들 중 일부는 경건한 기독교인의 기도로 시작해 기도로 끝나기도 했다.

한편 헨리 조지는 영국 옥스포드 대학에서도 연설했는데, 청중은 그에게 적대감이 있었고 분위기가 좋지 않았다. 그러나 캠브리지 대학에서는 연설 초반에 반대 분위기를 휘어잡아 결국 상당수의 청중을 이해시킬 수 있었다. 그 뒤 캐나다에서도 연설 여행을 했다. 이 여행은 파우덜리Terence V. Powderly가 이끄는 '노동의 기사(Knights of Labor)'라는 단체가 주관했다. 이 방대한 단체의 모든 지부에는 『진보와 빈곤』이 여러 권 마련되어 있었다. 1886년, 헨리 조지는 또 하나의 주요 저서로서 관세 문제를 다룬 『보호무역과 자유무역 Protection or Free Trade』을 출간했다.

1889년, 유럽에서 강연 여행을 하던 중에 헨리 조지는 다시 스코틀랜드의 글래스고에 가서 "하나님의 나라가 임하옵소서!(Thy Kingdom Come)"라는 제목의 유명한 강연을 했다. 이 강연은 주기도문에 관한 열정 있고 강렬한 내용을 담고 있다. 또한 런던에서는 마르크스주의자인 하인드먼과 점잖은 토론을 했다. 그리고 아내의 모국인 호주에서 강연 초청을 받아 부부는 1890년 1월에 출발했다. 그는 이 여행을 "늦깎이 신혼여행"이라고 했다. 또한 샌프란시스코에서 강연을 했을 때는 과거 이 도시에서 인쇄공을 하던 사람이 유명인사가 되어 돌아오자 유료인데도 청중이 성황을 이루었다. 강연이 끝난 뒤 노동자를 위한 작은 무료 강연회도 열었다. 헨리 조지가 주로 강연료로 생활을 하면서도 돈에 개의치 않았던 성격을 잘 보여준다. 그의 이런 성격은 책에 대해서도 그랬다. 자신의 사상을 넓게 전파할 목적으로 저작권료를 거의 안 받았기 때문에 책은 엄청나게 팔렸지만 수입은 연간 수백 달러에 불과했다.

헨리 조지는 시드니로 가는 도중 뉴질랜드에 들렀다. 이때 조지 그레이George Grey 경의 환대를 받았는데, 그는 수상 재

1885년 헨리 조지 강연(빈곤이라는 범죄) 포스터.

직 당시(1877~1879) 뉴질랜드에 지대세를 도입하기 위한 초석을 닦은 정치인이었다. 3개월간의 호주 방문은 대성공이었다. 수십 차례 열린 강연에는 언제나 열성적인 청중이 가득했다. 뉴질랜드에서처럼 호주에서도 헨리 조지의 사상이 구체적인 결실을 얻을 수 있었다.

헨리 조지는 원고 없이 즉흥 연설을 하는 편이었으며, 청중을 감동시키는 뛰어난 연설가였다. 헨리 조지라는 이름은 이제 널리 알려져 그가 하는 연설회에는 언제나 청중들이 모여들었다. 언론에서도 그를 비중 있게 다루었다. 조지 버나드 쇼George Bernard Shaw의 자서전에 따르면, 헨리 조지가 처음 유럽을 방문해서 한 연설을 듣고 감동을 받아 "인간성 해방 전쟁(Liberative War of Humanity, 시인 하이네가 썼던 말로, 헨리

1893년 8월 29일에서 31일까지 시카고에서 열린 제2회 전국 단일세 회의. 책상 오른쪽에 앉은 사람이 헨리 조지.

조지 사상 실천운동을 비유한 표현)"에 자원입대했다고 밝혔다. 당시 이런 사람이 수없이 많았다. 그러나 쇼를 포함해 많은 경우, 헨리 조지가 원하지 않은 결과를 낳기도 했다. 헨리 조지가 일깨운 사회의식은 뒷날 헨리 조지가 강력하게 반대한 집체적 사회주의를 받아들이는 쪽으로 흘러가 버렸다. 심지어는 헨리 조지를 마르크스주의자로 변화시키려는 시도도 줄기차게 있었다.

미국으로 돌아온 뒤 헨리 조지는 '미국 사회과학협회'가 주최한 단일세 토론에 참여했다. 여기에서 컬럼비아 대학교 교수이자 재정학계의 대표적 학자인 셀리그먼Edwin R. A. Seligman은 헨리 조지를 격렬하게 공격했다. 두 사람 간의 우아하면서도 가시 돋친 대화는 이 토론의 핵이었다. 박사이자

법률 학위도 있었던 셀리그먼은, 헨리 조지는 순수하지만 물정을 모르는 무식한 사람이며 정식 자격을 갖춘 전문가가 다뤄야 할 심오한 주제에 대해 자신이 무슨 권위자라도 되는 양 착각한다고 비난했다. 헨리 조지가 이론을 제시한 시기는 경제학자가 특별한 전문직으로 정착할 무렵이었다. 경제학자들은 다른 학자들과 달리 헨리 조지를 대할 때, 정식 교육을 받지 않았다고 무시하는 경우가 많았다. 상당수 경제학자들이 헨리 조지를 신학자, 개혁가, 사회혁명가, 기독교 행동가 따위로 불렀고 경제학 전문가로는 대접하지 않았다.

그러나 반세기가 지난 다음의 평가는 달랐다. 경제학계의 거장 슘페터Joseph Schumpeter는 "헨리 조지는 독학을 한 경제학자이지만 분명히 경제학자이다. 그는 당시 정식 교육을 통해 얻을 수 있었던 경제학 지식과 논리의 대부분을 학교 밖에서 습득했다"고 평가했다. 당시 토론에서 헨리 조지의 반대쪽에 있었던 대학교수인 클라크John Bates Clark는 이 토론회가 있은 지 9년 뒤에 한계생산력 이론을 바탕으로 하는 유명한 저서를 출간했다. 그는 자신의 이론을 개발하는 데 헨리 조지 이론의 도움을 받았다고 솔직히 인정했다.

죽음을 각오한 선거 출마

쉴 새 없는 강연과 집필로 헨리 조지는 몸이 쇠약해졌고 가벼운 뇌출혈이 있어 잠깐 실어증을 앓기도 했다. 며칠이 지나자 증상은 나았지만 의사는 절대 안정을 지시했다. 다행히 형편이 괜찮은 지지자 두 사람이 주선해 헨리 조지 부부가 버뮤다Bermuda에서 휴양할 수 있도록 해주었다. 헨리 조지는 그를 지지하는 사람들의 도움을 받아 어려운 재정 형편을 해결했고, 전부터 생각하고 있던 종합적인 저서를 집필하는 데 몰두할 수 있었다. 헨리 조지는 『진보와 빈곤』에서 서술한 원리를 발전시켜 가치, 화폐, 금융 등 경제학 주제를 포함하는 광범위한 학술 체계를 세우려고 했다. 그러나 헨리 조지가 살아 있을 때 발간하지는 못했다. 이 책은 헨리 조지가 사망한 뒤에 발간된 『정치경제학 The Science of Political Economy』으로 그 분량이 오백 쪽을 넘었다.

연합노동당 후보로 뉴욕 시장 선거에 출마했을 당시의 풍자만화.

헨리 조지는 1886년에 미국 최대 도시인 뉴욕과 미국 전체에 지공주의를 전파하고 대변하기 위해 뉴욕의 165개 노동조합으로 결성된 연합노동당(United Labor Party)의 추대로 뉴욕 시장 선거에 출마했다가 낙선한 적이 있다. 그런데 헨리 조지는 1897년 뉴욕 시장 선거에 오직 지공주의 전파라는 같은 목적을 위해, 출마하면 죽을 수 있다고 의사가 경고했지만 다시 입후보했다. 후보 지명을 수락하는 연설에서 헨리 조지는 죽음을 예견한 듯 이렇게 말했다. "여러분께서 저를 후보로 지명하신 뉴욕 시장직은 제 견해를 완전하게 실천할 권한이 없는 자리이지만 저와 생각을 같이 하는 분들

뉴욕 시장 재출마 당시의 포스터. 헨리 조지는 재출마를 결정한 뒤, 새로운 당의 이름을 토마스 제퍼슨 당으로 지었다. 제퍼슨은 정직한 민주주의와 만인을 위한 작은 정부를 표방한 사람이다.

을 대변할 수는 있을 것입니다. (중략) 모든 사람은 자유롭고 평등하게 태어났습니다. (중략) 이런 가치를 위해 사는 것보다 더 큰 영광은 없습니다. 자신이 갖고 있는 모든 것을 자기 시대와 자기 세대에 바치는 것보다 더 큰 봉사는 없습니다. 저는 이를 위해 죽을 각오가 되어 있습니다. 몇 년 더 산다는 것이 무슨 대수입니까? 자신의 국가, 민족, 시대를 위해 죽는다면 그보다 더 값지고 숭고한 일이 어디 있겠습니까?"

선거 기간 중 헨리 조지는 운명했다. 사망하던 날 밤, 그는 네 차례나 연설을 했다. 칼리지 포인트College Point에서 대규

모 노동자 집회가 있었는데, 헨리 조지는 노동자의 위대한 친구라고 소개를 받았다. 헨리 조지는 오랫동안 노동조합원이었고 연합노동당(United Labor Party)의 후보로 두 번씩이나 출마한 경력도 있었다. 그러나 분명한 선을 그었다. "저는 노동자의 특별한 친구라고 자처한 적이 없습니다. 노동자에게 특권을 달라는 요구는 하지 맙시다. 저는 노동계층에게 특별한 권리를 부여하거나 배려를 해야 한다고 주장한 일도 없습니다. 저는 누구에게나 평등한 권리가 돌아가도록 노력할 뿐입니다."

모든 연설을 마친 뒤, 헨리 조지가 가족과 친구들과 함께 호텔로 돌아왔을 때는 자정 무렵이었다. 다음 날 이른 아침, 아내가 눈을 떠보니 헨리 조지는 침대에서 일어나 있었다. 아내가 부르자 그는 괜찮다고 대답했다. 그러나 다시 침대로 돌아가지는 않았다. 잠시 뒤 그녀가 일어났을 때, 옆방에서 한

1897년의 헨리 조지. 이 해에 그는 운명했다.

손을 의자에 얹어 몸을 지탱하고 서 있는 헨리 조지를 보았다. 그의 얼굴은 하얗게 변해 있었고, 몸은 조각처럼 굳어 있었다. 어깨는 뒤로 처진 채 머리를 위로 들고서 마치 보이지 않는 어떤 존재와 이야기하는 것처럼, 그는 짧게 "예"라는 말을 여러 번 되풀이했다. 처음에는 조용히 대답하다가 차츰 힘차게 답하는 것 같았다. 아내는 그를 침상으로 데리고 갔다. 주치의가 왔을 때 그는 이미 의식불명 상태였다. 몇 분 지나지 않아 헨리 조지는 숨을 거두었다. 선거를 겨우 닷새 남겨둔 날이었다.

헨리 조지의 시신은 그랜드 센트럴 팰리스에 안치되었다. 아침 일곱 시부터 오후 두 시까지 10만 명이 조문을 했다. 장례식에는 교파가 다른 성직자 네 명(감독교회, 회중교회, 유태교, 가톨릭)이 조사를 했다. 마지막으로 그의 평생 동지인 맥글린 신부가 조사를 하자 엄숙한 장례식에서는 유례없는 박수가 터져 나왔다. "고인은 단순히 철인이나 현인이 아니었습니다. 꿰뚫어 보는 자요, 선구자요, 선지자였습니다. 하나님께서 보내신 스승이었습니다. 고인에 대해서 다음과 같은 성경 구절로 비유할 수 있습니다. '하나님의 보내심을 받은 사람이 있으니 이름이 요한이라.' 제가 감히 성경을 본떠 말씀드리고 싶습니다. 하나님의 보내심을 받은 사람이 있으니 이름이 헨리 조지라."

헨리 조지의 묘지. 조각가인 둘째 아들 리차드가 구리로 제작한 로마식 흉상이 놓여 있다.

그의 묘비에는 헨리 조지가 자기 자신을 두고 서약한 글이 새겨져 있다. "내가 분명히 하고자 노력해 온 그 진리는 쉽게 받아들여지지는 않을 것이다. 그것이 가능했다면 오래전에 받아들여졌을 것이다. 그것이 가능했다면 결코 숨겨져 있지 않았을 것이다. 그러나 그것을 동지들이 발견할 것이다. 이를 위해 수고를 할 사람들, 고난을 받을 사람들, 필요하다면 죽기까지 할 사람들. 이것이 진리의 힘이다."

세계 사상계와 종교계에 미친 영향

 헨리 조지의 사상은 많은 사상가들의 뜨거운 지지를 받았다. 예를 들면, 중국의 쑨원(孫文)은 이 사상을 바탕으로 해서 삼민주의三民主義 중 민생주의의 핵심적인 토지 정책을 세웠다. 또 러시아의 대문호인 레프 톨스토이는 "헨리 조지가 제시한 토지 문제 해결책은 아주 완벽해서 현 국가체제와 조세 제도 아래에서 이보다 더 우수하고 공정하고 실제적이고 평화로운 해결책은 찾을 수 없다"고 했다. 그리고 아인슈타인은 "불행하게도 헨리 조지 같은 인물은 드물다. 지성적인 예리함, 예술적인 문체, 정의에 대한 확고한 사랑이 아름답게 조화를 이루었다는 점에서 헨리 조지를 능가할 사람을 상상하기 어렵다"고 했다. 헬렌 켈러도 "헨리 조지를 읽으면 아름답고 힘찬 영감, 인간성의 본질적인 고귀함에 대한 빛나는 신념을 그의 철학에서 찾아볼 수 있다"고 했다.

헨리 조지는 또한 19세기 후반 침체되었던 유럽의 사회주의 운동을 부활하는 데 큰 영향을 주기도 했다. 그러나 헨리 조지 사상은 경제활동의 자유와 자본의 사유私有를 기반으로 하고 있었기 때문에 사회주의와 본질적으로 융화될 수 없었다. 헨리 조지가 살아 있을 때에는 전 세계에서 헨리 조지의 영향력이 칼 마르크스보다 더 컸다고 한다.

헨리 조지는 평생 독서에 힘썼고, 그 결과 세계 사상계의 거목이 되었다. 그러나 그는 단순히 사회사상가가 아닌, 지공주의를 실현하기 위해 인생을 바친 사회개혁가였다. 아가일 공작(Duke of Argyll, 1884년 4월 "샌프란시스코의 선지자"라는 글로 헨리 조지를 비판한 대지주)은 헨리 조지를 깎아내리기 위해서 '선지자'라는 표현을 사용했지만, 헨리 조지는 이 표현을 오히려 자랑스럽게 받아들였다.

『진보와 빈곤』 출간 75주년 기념우표(1954년).

그런데 헨리 조지는 사회사상가, 사회개혁가이기 전에 신학자였다. 사상적으로 편협하지 않았던 헨리 조지는 어떤 종파에도 속하기를 원하지 않았으나, 하나님에 대해 매우 강한 외경심을 갖고 있었다. 진보와 빈곤의 문제에 대한 해답을 찾으면서부터 기독교는 그에게 새로운 의미가 되었다. 빈곤은 하나님의 뜻이 아니라, 반대로 하나님의 법을 어겼기 때문이라고 확신했다. 그는 빈곤을 하나님의 섭리나 무자비한 숙명이라고 가르치는 종교에서 벗어나기를 원했다.

『진보와 빈곤』 출간 100주년 기념판 표지(1979년).

헨리 조지의 모든 저술은 기독교적 영성으로 가득 차 있다. 그의 『정치경제학』에도 자연 질서의 뒤에는 하나님의 의지가 작용한다는 것을 입증하려는 시도가 여기저기(특히 제1편, 제7장의 전체) 나타나 있다. 그는 '지금 여기에(Now & Here)' 계시는 하나님을 중시했다. 그는 연설문 '모세'에서 다음과 같이 말했다. "히브리 종교의 하나님은 불변하는 법 가운데 지금 여기 계시는 하나님, 죽은 자뿐 아니라 산 자의 하나님입니다. 그분은 성전의 하나님일 뿐 아니라 시장터의 하나님입니다." 이런 헨리 조지의 기독교 사상은 이후 사회복음주의자들의 신학 노선에 영향을 끼쳤다. 대표적 사회복음주의자인 월터 라우쉔부쉬Walter Rauschenbusch는 1886년 조지의 뉴욕 시장 선거에서 개인적 차원의 기독교와 사회적 차원의 기독교 양자를 통합하는 개념인 '하나님 나라' 사상에 대한 영감을 처음으로 받았다고 고백했다. 그러나 라우쉔부쉬를 비롯한 사회복음주의자들은 헨리 조지의 사회적 차원의 하나님 나라의 개념을 신학으로 발전시켰지만 그것을 실현하는 방법론으로는 칼 마르크스를 택했다.

오래된 사회적 불의에서 인간을 자유롭게 할 수 있는 창조성 있고 종합적인 방안을 찾아낸 헨리 조지는 현대의 모세로 비유할 수 있다. 현대의 해방신학이 유명하게 되기 한 세기 전에 헨리 조지는 성경적인 면을 포함해 여러 측면에서 진정한 해방신학자였다고 할 수 있다.

2장

『진보와 빈곤』의 핵심 사상

『진보와 빈곤』의 핵심 내용

　『진보와 빈곤』이라는 제목이 유래한, 헨리 조지의 문제의식의 핵심은 다음과 같다. 생산력이 증가하는데 왜 임금은 겨우 생존할 수 있는 최저 수준으로 떨어지는 경향이 있는가? 즉 생산력이 증가하는 '진보'를 이루었는데도 생존 최저임금이라는 '빈곤'이 발생하는 이유가 무엇인지 헨리 조지는 탐구했다. 헨리 조지가 전개한 『진보와 빈곤』의 핵심 내용은 네 가지로 정리할 수 있다.

　첫째, 산업혁명 이후 생산력이 눈부시게 발전하고 부가 증가하는 물질적 진보를 이루었는데도 빈곤이 사라지지 않는 이유를 흔히 임금기금설과 맬서스의 인구론으로 설명하지만 이는 옳지 않다. 임금기금설의 전제는 바로 '임금은 자본에서 나온다'는 것이다. 다양한 노동 형태 모두에서 임금은 자본이 아니라 임금이 그 대가로 지불되는 노동의 생산물로부터 나오기 때문에, 임금기금설의 전제는 오류이며 따라서 임금기금설도 오류이다. 그리고 맬서스의 인구론은 임금기금설과 실제 내용과 형식이 모두 똑같아서 사실과 비유라는 측면 모두에서 진정한 증거가 없는 오류이다.

둘째, 현실에서 진보와 빈곤이 함께 나타나는 진정한 원인은 생산에 아무런 기여도 하지 않는 지주가 토지가치를 차지하는 것을 합법화하는 토지사유제에 있다. 인구 증가와 기술이 개선되어 부가 증가하는 물질적 진보가 이루어지는 것과 동시에 지대의 절대 총액이 증가함은 물론이고 지대가 총생산에서 차지하는 비중도 커지기 때문에 물질적 진보의 혜택이 노동과 자본에 돌아가지 못한다. 이 문제는 지대의 개인 소유를 합법으로 보장하는 토지사유제 아래에서 어쩔 수 없이 발생하는 토지 투기 때문에 더욱 심화된다.

셋째, 진보와 함께 나타나는 빈곤을 타파하려면 지대의 개인 소유를 합법으로 보장하는 토지사유제를 없애야 한다. 그러나 이미 토지사유제가 관습화된 나라에서는 토지를 공유화할 필요까지는 없고, 단지 해마다 토지의 연간 임대가치인 지대를 정부가 환수하고 다른 조세를 면제하는 지대조세제(land value taxation)를 실시하면 된다.

넷째, 지대조세제 개혁은 생산을 증대할 뿐만 아니라, 분배 정의를 제고하고, 모든 계층에 이익이 되며, 나아가 더 높고 고상한 문명으로 나아갈 수 있게 하는 효과가 있다. 그러나 이 개혁을 실시하지 않는다면 문명은 쇠퇴하고 말 것이다. 이제부터 『진보와 빈곤』의 핵심 내용을 하나씩 자세히 살펴보자.

임금기금설과 인구론에 대한 비판

 먼저 '진보 속의 빈곤'이라는 문제를 설명하는 기존의 유력한 학설인 '임금기금설'은 노동자 1인당 임금이 '자본의 양/노동자 수'로 정해진다고 보았다. 그런데 노동자 수는 자본이 증가하는 만큼 또는 그 이상으로 증가하기 때문에 임금은 노동자의 생존과 재생산을 가능하게 하는 최저 금액으로 낙착되는 경향이 있다고 설명했다. 즉 임금은 자본을 노동자 수로 나눈 금액이므로 분자가 아무리 증가해도 분모도 따라서 증가하면 그 결과가 커지지 않을 수 있다는 것이다.

 그리고 이러한 임금기금설의 전제는 바로 '임금은 자본에서 나온다'는 것이다. 그러나 이 전제는 오류이며, 그렇기 때문에 임금기금설도 오류이다. 임금은 자본에서 나오는 것이 아니라 실제로는 임금이 그 대가로 지불되는 노동의 생산물에서 나온다. 임금이 자본에서 나오는가, 아니면 노동의 생산물에서 나오는가에 대해 다양한 노동 형태를 구분해 하나씩 살펴보면 다음과 같다.

첫째, 노동자가 자가 노동을 하고 자기 노동의 생산물을 노동의 대가로 직접 취득하는 모든 경우에 임금이 자본에서 나오는 것이 아니라 노동 생산의 결과에서 직접 나오는 것이 명백하다. 예를 들어 새알을 줍거나 야생딸기를 따는 경우, 알이나 딸기는 노동한 사람의 임금이 된다. 이런 경우에 어느 누구도 임금이 자본에서 나온다고 하지 않을 것이다. 또 가죽으로 구두를 만드는 경우, 구두는 구두를 만드는 노동을 한 사람의 임금이 된다. 이 구두는 물론, 노동한 사람의 자본이건 타인의 자본이건 자본에서 나온 것이 아니다. 구두는 노동한 결과 생겨났고 그래서 노동에 대한 대가가 된다. 구두를 임금으로 얻는 과정에서 자본은 일시적으로도 전혀 줄어들지 않는다. 자본이라는 개념을 사용한다면, 처음에 자본은 가죽과 실 따위다. 노동을 진행하면 가치가 계속 부가되며, 구두를 완성할 때에는 노동한 사람은 자본 이외에 원료와 구두 간의 가치 차이만큼을 더 가지게 된다. 이러한 부가 가치 즉 임금을 획득하는 과정에서 어떻게 자본이 유출될 수 있겠는가?

둘째, 구약성경 창세기에서 야곱이 라반을 위해 일하는 관계와 같이, 타인에게 고용되어 노동하거나 타인의 자본을 사용해 노동하고 그 직접 생산물과 같은 종류의 물자를 임금으로 받는 경우에도, 자가 노동의 경우와 마찬가지로 임금은 노동 생산물에서 나올 뿐 자본에서 나오지 않는 것이 분명하다. 새알이나 딸기를 얻기 위해 또는 구두를 만들기 위해 다른 사람을 고용하고 그 사람이 생산한 새알, 딸기, 구두를 임금으로 지불한다면 임금의 원천이 노동이라는 사실에 전혀 의문이 없다.

셋째, 보통의 노동고용 및 임금 지불 방식의 경우, 예를 들어 인부들을 고용해 바닷새들의 알을 수집하고 그 대신 약정한 임금을 주화로 주기로 한 경우, 인부들이 노동한 대가로 받는 임금은 고용주를 통하지 않고 스스로 알을 수집한 사람이 갖는 알과 다름없이 노동의 생산물이다. 노동이 만들어 내는 기금이 바로 임금 지불의 원천이 되는 기금인 것이다. 언제나 생산은 임금의 어머니이다. 생산이 없으면 임금은 생기지도 않고 생길 수도 없다. 임금의 원천은 자본이 아니라 노동의 생산물이다. 임금이 자본에서 나오지 않고 노동의 생산물에서 나온다는 말이 사실인 이유는 노동이 항상 임금에 선행하기 때문이다. 이것은 자가 노동(자영 노동, 자기 토지에서 자기 자본으로 부를 생산하는 노동)을 하고 직접 임금을 갖든 고용주에게서 임금을 받든 보편적인 진리이다. 고용주의 입장에서 보면 임금이란 노동으로부터 받은 자본의 일부를 노동자에게 되돌려주는 것이다. 또 노동자의 입장에서 보면 임금은 자신이 이미 생산한 부의 일부를 되돌려 받는 것일 뿐이다. 그러므로 어떻게 임금이 자본에서 나온다고 할 수 있겠는가? 노동과 임금의 교환에서 고용주는 반드시 자기 자본에서 임금을 지불하기 전에 노동이 창출한 자본을 먼저 얻게 되는데 어떻게 고용주의 자본이 일시적으로라도 줄어들 수 있겠는가?

넷째, 노동의 목적물이 획득 내지 완성되기 전에 임금이 지불되는 경우, 예를 들어 농업에서처럼 수확을 하기 몇 달 전에 땅을 갈고 씨를 뿌려야 하는 경우나 건물, 선박, 철도, 운하 따위를 건설하는 경우에도, 임금은 자본이 아니라 노동의 생산물에서 나온다. 왜냐하면 가치는 생산물이 완성되어야만 창조되는 것이 아니라, 가치 창조는 생산 과정의 모든 단계에서 노동 투입의 직접 결과로서 발생하며, 따라서 생산 과정이 아무리 길더라도 노동은 자본에서 임금을 받기 전에 자본을 증가시키기 때문이다. 선박을 건조하는 데 1년 또는 몇 년이 걸릴 수도 있지만, 완성된 선박이 창출할 가치는 용골을 제작할 때부터 아니 조선소 부지를 정리할 때부터 날마다 시간마다 발생한다. 선박이 완성되기 전에 지불한 임금이라고 해도 사업주의 자본이나 사회의 자본을 축낸 것이 아니다. 지불된 임금의 가치 대신에 부분적으로 완성된 선박이 있기 때문이다. 이러한 임금 지불은 자본의 선불이 아니다. 작업 인부가 한 주일 또는 한 달 노동을 해서 사업주에게 보태준 자본이 주말이나 월말에 임금으로 받는 금액보다 많기 때문이다. 이 점은 완성하지 못한 선박을 건조 도중에 팔라는 제의를 받을 때 사업주가 이윤을 기대할 수 있다는 사실에서 알 수 있다. 또 이것은 농업에서도 분명하다. 농업에서는 가치의 창출이 수확할 때 한꺼번에 이루어지는 것이 아니라 수확에 이르는 전 과정에 걸쳐 단계적으로 이루어지며, 그 과정에서 임금을 지불하더라도 농민의 자본은 줄지 않는다. 이 사실은 생산 과정에서 농지를 팔거나 임대할 경우에 확실하게 나타난다. 갈아 놓은 밭은 갈기 전보다 값이 더 나가고, 파종한 밭은 갈기만 한 밭보다 값이 더 나가기 때문이다.

이와 같이 다양한 노동 형태 모두에서 공통으로 확인된 것은 임금은 자본에서 나오는 것이 아니라, 임금이 그 대가로 지불되는 노동의 생산물에서 나온다는 것이다. 개별 노동자가 진실로 노동을 통해 자신의 임금이 나오는 기금을 창출하기 때문에 노동자 수가 증가한다고 해서 임금이 줄어들 이유가 없다. 오히려 노동자 수가 많아질수록 노동 능률이 분명히 증가하므로, 다른 조건이 똑같다면 임금은 노동자 수와 더불어 오히려 증가해야 한다. 그러므로 임금기금설은 오류이며, 따라서 임금기금설의 관점에서 빈곤 문제를 해결하기 위해 내놓는 각종 처방, 곧 자본 증대, 노동자 수 제한, 노동자 작업 능률 향상 등은 폐기해야 한다.

다음으로 가장 강력한 경제이론의 기초이자 중심 학설인 맬서스의 인구론에 따르면, 인구는 기하급수로 증가하고 생존물자는 산술급수로 증가하기 때문에, 1인당 생존물자, 즉 '생존물자/인구 수'는 감소할 수밖에 없어 빈곤은 불가피하다. 그런데 이것은 사실상 임금기금설과 같다. 임금기금설은 노동자 수가 증가하면 자본을 지금보다 더 잘게 나누어야 하므로 임금이 하락한다는 것이며, 맬서스의 인구론은 인구가 증가하면 생존물자를 더 잘게 나누어야 하므로 빈곤이 나타난다는 것이다. 여기에서 자본과 생존물자, 노동자 수와 인구를 각각 같은 것으로 보면, 두 명제는 내용과 형식에서 똑같은 것이 된다.

프랑스 대혁명이 일어나 사람들이 기존의 사회체제에 대해 의문을 제기하자 권력층이 몹시 두려움을 느끼던 상황에서 맬서스의 인구론이 나왔다. 이 이론이 성공한 이유는 기존 이익을 위협하거나 강자의 이익을 적대시하지 않으며, 오히려 지배계층을 위로하고 안심하게 해준다는 데 있다. 맬서스의 인구론은 현존하는 빈곤과 불평등의 책임이 합리적이지 못한 제도 때문이 아니라 생명을 창조해 인구를 증가시키는 하나님의 법칙에 있다고 함으로써 빈곤과 불평등을 정당화하고 개혁에 대한 요구를 얼버무리려는 의도를 갖고 있다.

그러나 맬서스 학설은 사실과 비유, 모두에서 진정한 증거가 없는 오류이다. 먼저 사실을 살펴보자. 맬서스가 인구론을 발표한 뒤 어느 누구도 그의 이론을 입증하지 못했다. 동서고금을 모두 살펴보아도 상당한 규모의 지역에서 인구 증가의 압박이 빈곤과 결핍의 원인이 된 예를 찾을 수 없다. 흔히 인구 과잉의 결과라고 오해하는 사례들이 있는데, 이는 사실과 다르다. 인도, 중국, 아일랜드가 이런 경우에 해당한다. 이들 국가에서 수많은 사람이 굶주림으로 죽었고, 아주 비참한 상황에 빠지거나 다른 지역으로 이민을 갈 수밖에 없었다. 그러나 이것은 결코 인구 과잉 때문이 아니다. 이들 국가의 기근과 빈곤의 진정한 원인은 그 사회조직이 생산력에 족쇄를 채우고 노동의 대가를 강탈하는 형태였기 때문이다.

다음으로 비유를 추론해 보더라도 맬서스 학설은 오류이다. 맬서스가 하급 생물의 경우를 인간에 비유한 것은 명백히 잘못된 것이다. 인간은 동물과 다른 고차원의 욕구를 갖고 있기 때문에 생활수준이 높아질수록 출산율이 낮아진다. 하급 생물이 공간의 한계를 압박하는 경향이 있다고 해서 인간에게도 같은 경향이 있다고 할 수는 없다. 인간은 동물과 달리,

동물적 욕구가 충족되면 즉시 다른 욕구가 싹튼다. 인간은 양이 충족되면 질을 추구한다. 사람들이 자연과 싸우느라고 지적인 생활을 하기 어려운 새로운 정착지나 또는 기성 지역의 극빈 계층이 풍요 속에서도 모든 것을 빼앗기고 동물적인 생활을 하는 경우에는 출산율이 아주 높다. 그러나 부의 증가에 따라 독립, 여가, 안락, 풍족하고 다양한 생활을 누리는 계층은 출산율이 낮다는 사실은 널리 알려져 있다.

맬서스 학설에 대해 최종적인 사실 검증을 하기는 쉽다. '인구 증가가 임금을 감소시키고 빈곤을 초래하는가?' 하는 질문은 '단순히 인구가 증가하면 추가 노동이 생산하는 부의 양이 줄어드는가?' 하는 질문과 같다. 기존의 인정받는 경제학자들은 이를 지지했는데, 자연에 대한 요구가 커지면 자연의 관대함이 줄어들기 때문에 노동을 두 배로 해도 생산은 두 배가 되지 않는다. 그래서 인구 증가는 필연적으로 임금을 줄이고 빈곤을 심화한다고 주장했다. 그러나 진실은 이 주장과 정반대이다. 인구 증가로 생겨난 새로운 입은 과거에 있던 입보다 더 많은 식품을 소비하지 않지만 새로운 손은, 자연스러운 질서 속에서는, 더 많은 물자를 생산해 낸다. 다른 조건이 같을 경우, 부가 공정하게 분배된다면 인구가 많을수록 개인에게 돌아가는 몫은 더 많아진다. 평등이 보장되는 상태에서 인구의 자연 증가는 개인을 가난하게 하기는커녕 언제나 부유하게 만드는 경향이 있다. 부는 인구가 가장 조밀한 곳에서 최대가 된다는 사실, 그리고 단위 노동에 대한 부의 생산은 인구가 증가할수록 커진다는 사실은 확실하다. 이러한 사실은 우리가 눈을 돌리는 곳마다 명백히 나타난다. 인구가 크게 증가하고 임금이 크게 하락해 자연의 관대함이 줄어들었음이 사실로서 명백하게 나타난 캘리포니아에서도 자연 요소의 힘은 줄어들었지만 인간적인 요소의 힘이 증가해 이를 보상하고도 남았다. 자연이 인색한 곳에서 20명이 일하면 자연이 풍요로운 곳에서 한 사람이 생산하는 부의 20배보다 더 많이 생산한다. 인구가 조밀할수록 노동의 분업이 더 세밀하게 이루어지고 생산과 분배의 경제성이 더 높아지기 때문이다.

이상에서 '진보'가 이루어지는데도 '빈곤'이 생기는 원인이 임금기금설에서 주장하는 자본의 제약도 아니고 맬서스의 인구론에서 주장하는 자연력의 제약도 아니라는 사실이 분명해졌다. 그러므로 진보 속의 빈곤의 원인은 임금기금설과 인구론처럼 부의 생산을 제약하는 법칙이 아니라 부의 분배에 관한 법칙에서 찾아야 한다. 이제 분배법칙을 탐구해 보자.

진보와 빈곤의 원인과 해결책

지대의 개인 소유를 보장하는 토지사유제

생산요소는 토지, 노동, 자본이다. 토지라는 용어는 자연이 제공하는 모든 기회와 힘을 뜻한다. 노동이라는 용어는 인간의 모든 노력을 의미한다. 자본이라는 용어는 더 많은 부를 생산하기 위해 사용하는 모든 부를 의미한다. 총생산물인 부

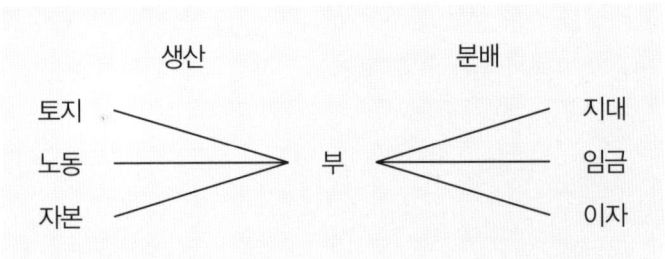

〈그림 1〉 부의 생산과 분배.

는 이 세 가지 요소에 대한 대가로 모두 분배된다. 토지 사용의 대가를 지대라고 한다. 노동 사용의 대가를 임금이라고 한다. 자본 사용의 대가를 이자라고 한다. 지대, 임금, 이자, 이 세 용어는 서로 배타적이다. 그러므로 부의 분배에 관한 법칙, 곧 분배법칙은 지대법칙, 임금법칙, 이자법칙으로 분류되며, 이 세 가지 분배법칙 간에도 서로 배타적인 상호 연관성이 있어야 한다. 부의 분배법칙은 분명히 비율에 관한 법칙이고, 그 중 둘만 주어지면 나머지 하나를 추정할 수 있도록 상호 연관되어야 한다. 지대를 부의 40%로 정하면 나머지 60%가 임금과 이자로 분배되는 것이며, 지대를 20%, 임금을 35%로 하면, 이자는 45%가 되어야 한다.

그런데 기존 경제학자들이 가르치던 세 가지 분배법칙을 한 자리에 모으면 상호 연관성이 없다. 지대, 임금, 이자를 모두 합하면 정확히 총생산물인 부의 100%가 되어야 정상인데, 그렇지 않다. 부가 지대, 임금, 이자로 분배되는 부의 분배법칙이 진정한 것인지는 지대법칙과 임금법칙과 이자법칙 간의 상호 연관성으로 입증된다. 그럼 이 중에서 지대법칙을 중심으로 살펴보자.

지대법칙이란 다음과 같다. 어느 토지의 지대는 노동과 자본을 동일하게 투입할 때, '생산의 한계'(사용 토지 중 생산성이 가장 낮은 토지로서, 노동과 자본이 지대를 지불하지 않고 무상으로 사용할 수 있기 때문에 그 생산물은 임금과 이자로만 분배되고 지대는 없으므로 무지대 토지라고도 함)에서 얻을 수 있는 생산물을 초과하는 생산물이 된다. 그리고 지대법칙에서 파생되는 '임금+이자' 법칙은 간명하다. 이를 수식으로 표현하면, '부=지대+임금+이자' 이기 때문에, '부-지대=임금+이자' 가 된다. 이와 같이 임금과 이자는 노동과 자본의 생산물에 의존하는 것이 아니라, 생산물 중 지대를 공제하고 난 뒤의 잔여, 즉 사용 토지 중 가장 열등한 토지의 생산물이 되는 것이다. 그러므로 생산력이 아무리 높아지더라도 지대가 같은 정도로 높아진다면 임금과 이자는 상승할 수 없다.

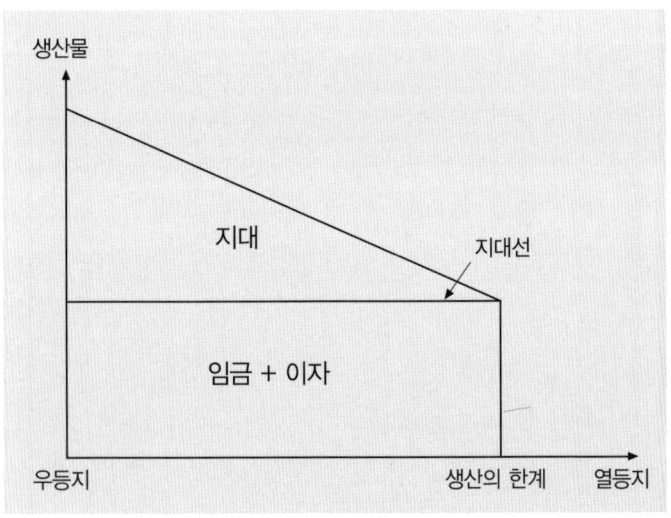

〈그림 2〉 생산의 한계와 지대선에 따른 '지대'와 '임금+이자'.

이런 단순한 관계를 이해하고 나면 이전에는 설명이 안 되던 부분이 밝게 드러나고, 무질서하게 보이던 여러 사실이 명백한 법칙 아래 정돈된다. 진보하는 지역에서 생산력이 증대하는데도 임금과 이자가 상승하지 않는 이유를 설명하는 열쇠가 바로 지대 상승이라는 것을 쉽게 알 수 있다. 어느 사회에서든 생산된 부는 생산의 한계에 따라 정해지는 지대선(rent line)이라고 부를 수 있는 선에 따라 둘로 나뉜다. 지대선은 생산의 한계로부터 얻을 수 있는 대가를 말한다. 총생산 중에서 지대선 아래에 놓이는 부분은 임금과 이자가 되며, 지대선 윗 부분은 지대로서 모두 토지 소유자에게 귀속된다. 이렇게 해서 신생 지역처럼 지대가 낮은 곳에서는 부의 생산량은 적더라도 임금과 이자는 높으며, 기성 지역처럼 지대가 높은 곳에서는 부의 생산량이 많더라도 임금과 이자는 낮다. 그리고 진보하는 지역에서처럼 생산력이 향상되는 곳에서는 임금과 이자는 생산력 향상 자체가 아니라 생산력 향상이 지대에 영향을 미치는 방식에 영향을 받는다. 지대가 함께 상승하면 향상된 생산력은 지대로 흡수되어 버리고 임금과 이자는 전과 달라지지 않는다. 지대가 생산력보다 더 높은 비율로 상승하면 지대가 그 증가분 이상을 흡수해 버리며, 노동과 자본의 생산물이 훨씬 더 많아지더라도 임금과 이자는 하락한다. 지대의 상승이 생산력 향상을 따르지 못할 경우에 한해 임금과 이자가 생산력 향상과 더불어 상승할 수 있다.

지금까지는 문제의 정태적 측면을 고찰했는데, 이제 문제의 동태적 측면을 검토해 보자. 물질적 진보의 내용 또는 원인이 되는 변화는 인구 증가, 생산과 교환의 기술 개선이다. 먼저 인구 증가가 부의 분배에 미치는 효과를 검토해 보자. 인구 증가에 기술 발달이 수반하지 않는다고 하더라도 인구 증가 자체만으로도 노동의 생산성은 증대한다. 다른 조건이 같을 때 100명의 노동은 한 사람의 노동의 100배보다 훨씬 더 많이 생산하며, 1,000명의 노동은 100명의 노동의 열 배보다 훨씬 더 많이 생산한다. 광대한 평원에 정착자들이 차례로 들어와 마을을 이루어 갈 때, 인구 밀집 때문에 마을의 중심지 토지에 결부된 생산력은 토지의 비옥도가 수백 배, 수천 배 증가한 것과 맞먹는다. 그리고 이 토지의 지대는 이 토지와 사용 토지 중 가장 열등한 토지 사이의 생산성 차이를 의미하므로 당연히 상승한다. 인구 증가는 지대를 상승하게 하고, 그 결과 총생산 중에서 임금과 이자의 비율을 감소하게 한다.

다음으로 기술 개선이 부의 분배에 미치는 효과를 살펴보자. 생산 기술에 관한 발명과 개선은 노동을 절약하는 효과가 있다. 즉 적은 노동을 해도 같은 결과가 생기며, 같은 노동을 투입하면 더 큰 결과가 생긴다. 이처럼 노동절약적 개선의 효과는 부의 생산 증대로 나타난다. 동시에 노동절약적인 개선은 토지에 대한 수요를 증대하게 한다. 그래서 사용 토지의 질이 한계선상에 있는 곳에서는 생산성이 더 못한 토지가 새로 부의 생산에 사용된다. 이렇게 해서 노동절약적 개선의 일차 효과는 노동의 힘을 증대하는 것이지만, 이차 효과는 생산을 확장하는 것이고, 이로 인해 생산의 한계가 낮아지면 지대가 상승한다. 기술 개선은 인구 증가처럼, 지대를 올리고 그 결과 총생산 중에서 임금과 이자의 비율을 떨어뜨린다.

이 밖에 토지 투기도 부의 분배에 영향을 미친다. 토지 투기는 정상으로 형성될 가격보다 더 높은 가격을 바라면서 토지를 보유하는 행위로서, 미래의 토지가치 상승에 대한 확실한 기대 때문에 생긴다. 진보하는 사회에서는 보통 토지가치가 꾸준히 상승한다는 사실 때문에 미래의 토지가치 상승에 대한 확실한 기대가 형성되고, 이 기대가 토지 투기를 일으킨다. 그래서 토지를 부의 생산에 사용하지 않고 방치하게 되며, 이에 따라 생산의 한계는 생산적 필요성에 의해서보다 더 낮아진다. 그 결과 지대를 정상이 아닌 투기적으로 상승시켜, 물질적 진보는 임금을 상대적으로만 아니라 절대적으로도 감소하게 한다.

또한 토지 투기는 되풀이해서 발작하는 산업 불황의 근본 원인이 된다. 토지가치의 투기적 상승이 생산의 한계를 정상

위치 밖으로 밀어내는 경향이 있다. 이때 노동과 자본은 더 적은 대가로 만족하거나 생산을 중단할 수밖에 없다. 일부에서 발생한 생산 중단은 산업구조 속의 다른 생산 부문에 대한 수요 중단으로 나타나고, 다시 또 다른 부문의 생산을 제약한다. 이와 같은 마비 현상은 공업과 상업의 연관관계를 따라 확산되어 모든 곳에서 생산과 교환이 부분적으로 조화를 잃게 된다. 불황기는 다음과 같은 시기까지 계속된다. (1) 지대의 투기적 상승이 가라앉는 시기. (2) 인구가 증가하고 여러 모로 개선이 되어 노동의 능률성이 높아짐으로써 정상 지대선이 투기적 지대선을 따라잡는 시기. (3) 노동과 자본이 불리한 대가를 받고도 생산에 참여하기로 타협하는 시기. 아마도 이 세 가지가 같이 작용해 새로운 균형을 이루고, 그에 따라 모든 생산요소가 다시 생산에 참여해 경제활동이 한 동안 계속될 가능성이 가장 높을 것이다. 그런 다음에 다시 지대가 상승하고 생산이 다시 제약되는 같은 과정이 되풀이된다. 활황기와 불황기가 교대로 나타나는 현상은 바로 토지 투기 때문이다.

　토지 투기가 산업 불황의 진정한 원인이라는 사실은 미국에서는 너무나 분명하다. 산업 활황기마다 토지가치가 꾸준히 상승함으로써 결국 토지 투기가 생기고 그로 인해 토지가치가 뛰었다. 그 다음 예외 없이 일부에서 생산이 중단되었고 그와 관련된 유효 수요 중단 내지 거래 부진이 뒤따랐다. 여기에 대체로 상업이 파탄하는 현상이 뒤따랐다. 그 이후에는 상대적 정체기가 지속되면서 서서히 균형이 형성되고 다시 같은 현상이 되풀이되었다. 이러한 관계는 문명세계 전체에서 관찰할 수 있다. 지대 또는 토지가치의 투기적 상승은 토지 소유자가 노동과 자본을 배척하는 것과 같은 효과를 낸다. 그 결과 곳곳에서 노동자가 물자 부족을 겪으면서도 실업이 발생한다.

지금까지 규명하고자 한 진보 속의 빈곤의 원인, 곧 생산력이 향상하는데도 임금이 겨우 생존할 수 있을 정도의 최저액에 머무는 이유는 생산력의 향상과 더불어 지대가 더 큰 비율로 상승함으로써 임금이 낮게 유지되기 때문이다. 부의 분배가 불평등한 가장 큰 원인은 지대를 전유할 수 있는 토지 소유의 불평등 때문이다. 토지가 독점되면 물질적 진보가 크게 이루어져도 임금이 오르지 않는다. 노동밖에 가진 것이 없는 계층의 생활은 나아지지 않는다. 물질적 진보는 토지가치를 올리고 토지 소유의 힘을 강하게 해줄 뿐이다. 어느 시대, 어느 나라, 어느 민족을 막론하고 토지 소유는 귀족층의 근거이자 거대한 재산의 기초이며 권력의 원천이다.

지대조세제

현대 문명을 저주하고 위협하는 부의 불평등한 분배의 원인은 토지사유제에 있다. 토지사유제는 맷돌의 아랫돌이다. 물질적 진보는 맷돌의 윗돌이다. 노동 계층은 증가하는 압력을 받으면서 맷돌 가운데서 갈리고 있다. 악을 제거하는 방법은 단 하나, 곧 원인을 제거하는 것뿐이다. 그러므로 빈곤을 타파하고 임금이 정의가 요구하는 수준, 즉 노동자가 벌어들이는 전부가 되도록 하려면 토지의 개인소유를 공동소유로 바꾸어야 한다.

그러나 토지사유제가 관습화된 나라에서 토지를 국유화해서 임대하는 무리한 방식을 사용할 필요는 없다. 위대한 개혁은 기존의 관습을 잘 이용할 때 이룰 수 있다. 물결을 타면

노예사유제.   토지사유제. 토지사유제는 곧 노예사유제이다.

빠르게 멀리 미끄러져 갈 수 있지만, 물결을 거스르면 힘도 많이 들고 속도도 더딘 법이다. 대안은 사유 토지의 매수도 환수도 아니다. 매수는 정의롭지 못한 방법이고, 환수는 지나친 방법이다. 현재 토지를 보유하고 있는 사람은 그대로 토지를 가지게 한다. 각자 보유하는 토지를 지금처럼 자기 땅이라고 불러도 좋다. 토지를 사고파는 것도 허용하고 유증과 상속도 할 수 있도록 한다. 속만 얻으면 껍질은 지주에게 주어도 좋다. 토지를 환수할 필요는 없고 단지 지대만 환수하면 된다. 그런데 이미 우리는 지대의 일부를 조세로 걷고 있다. 그러므로 단지 조세 방법만 약간 바꾸어 지대 전체를 조세로 징수하고 다른 조세를 면제하는 지대조세제(land value taxation)를 실시하면 된다.

정부 수입을 충당하기 위해 징수하는 조세 가운데 최선의 조세는 다음과 같은 조건에 가장 가까운 조세이다. (1) 조세가 생산에 주는 부담이 가능한 적을 것. 이 조건은 조세의 원천이자 사회 유지 비용의 원천이 되는 일반 기금의 증가를 방해하는 것을 최소한으로 하기 위한 것이다. (2) 조세를 징수하기 쉽고 징수 비용이 저렴하며, 조세가 가능한 궁극적인 납세자에게 직접 부과할 것. 이 조건은 정부에 들어가는 금액 이외에 국민이 부담하는 금액을 최소한으로 하기 위한 것이다. (3) 조세가 확실성을 가질 것. 이 조건은 공무원 쪽에서는 횡포와 부패의 기회를 최소로 하고, 납세자 쪽에서는 위법과 탈세 유혹을 최소로 하기 위한 것이다. (4) 조세 부담이 공평할 것. 이 조건은 어느 국민도 다른 사람보다 특별히 이익을 얻거나 불이익을 당하는 일이 없도록 하기 위한 것이다. 지대조세제는 이러한 조건에 가장 근접한 최선의 조세이다. 각 항목에 대해 더 자세하게 알아보자.

첫째, 조세가 생산에 미치는 영향을 살펴보자. 진실로 과세방식은 금액 못지않게 중요하다. 무거운 짐도 잘 실으면 말이 거뜬하게 운반할 수 있지만 가벼운 짐도 잘못 실으면 말에게 큰 고통을 줄 수 있다. 적절한 방식으로 부과하면 별 어려움 없이 부담할 수 있는 조세도 잘못 부과하면 국민을 궁핍하게 만들고 부의 생산력을 파괴할 수 있다. 이집트 왕 모하메드 알리Mohammed Ali(1769~1849)가 야자수에 조세를 물리자 농민들이 자기의 야자수를 베어 버리는 사태가 벌어졌다. 그런데 그 두 배의 세금을 토지에 부과했을 때에는 이런 결과가 생기지 않았다. 토지가치에 대한 조세는 다른 조세와는 달리, 생산을 억제하지 않는 것은 물론이고 투기성 지대를 무너뜨려서 오히려 생산을 증대하는 경향이 있다. 토지 세액이 실제 지대에 근접하는 경우에는 누구든 사용하지도 않을 토지를 갖고 있지 않을 것이다. 따라서 그러한 토지는 실제로 사용할 사람에게 개방해서 더 많은 생산이 이루어지게 될 것이다.

둘째, 징세의 용이성과 저렴성에 대해 살펴보자. 일부 면허세 또는 인지세처럼 저절로 징수되는 몇 가지 조세를 빼면 모든 조세 중에서 토지가치에 대한 조세는 징수가 가장 쉽고 비용이 가장 적게 드는 조세이다. 토지는 감추거나 어디로 가져갈 수 없으며, 가치 평가가 쉽고, 일단 세액을 평가하고 나면 세액을 수납하는 인력만 있으면 충분하기 때문이다.

셋째, 조세의 확실성을 살펴보자. 토지가치에 대한 조세는 재량 여지가 가장 적으며 가장 확실한 조세이다. 토지는 옮길 수도 없고 감출 수도 없으며, 이 조세에 국민의 관심이 집중될 것이므로 당국의 과세액 평가와 징수는 부정이 개입되기 어려운 확실성을 갖게 될 것이다.

넷째, 조세의 공평성을 살펴보자. 예를 들어 똑같은 소득을 가진 두 사람이 있는데, 그중 한 사람의 소득은 노동소득이고 다른 사람의 소득은 지대소득이라고 할 때, 이 두 사람이 국가의 경비를 똑같이 부담하는 것이 정의로운가? 분명히 그렇지 않다. 전자의 소득은 그 스스로 창출한 부이며, 사회의 부의 총량을 증가시킨 부이다. 그러나 후자의 소득은 단지 이미 생산된 물자 중에서 취하는 것일 뿐이며, 그 대가로 아무런 기여도 하지 않는다. 진정 정의로운 과세란, 노동 소득이 아닌, 사회가 창출하는 가치인 토지가치를 징수해 사회의 공공 비용으로 사용하는 것이다. 토지가치에 부과하는 조세는 사회에서 특별한 혜택을 받는 사람에게만 부담하게 하며, 또 그 혜택에 비례해서 부담하게 한다. 이 조세는 사회가 창출한 가치를 사회가 거두고 또 사회를 위해 사용하는 조세이다. 이 조세는 공동재산의 공동사용이라는 원리를 구현한다. 모든 지대가 과세되어 사회에 필요한 경비에 충당되면, 자연스럽게 평등하게 된다. 각 국민은 개인의 근면, 기술, 지적 능력에 따른 이익 말고는 다른 사람보다 더 이익을 받는 일이 없게 된다.

현재의 조세제도는 인간 사회를 얽어맨다는 내용의 포스터.

개혁의 효과와 인간 진보의 법칙

　지대조세제 개혁은 생산을 엄청나게 증가시키고 분배의 정의를 보장한다. 또한 모든 계층에 이익이 되고, 더 높고 고상한 문명으로 나아갈 수 있게 하는 효과가 있다. 하나씩 살펴보자.

　첫째, 지대조세제가 부의 생산에 미치는 효과를 살펴보자. 모든 단계의 교환을 저해하고 모든 형태의 산업을 압박하는 현재의 각종 조세를 없애면, 마치 성능이 좋은 용수철에 실린 무거운 짐을 들어내는 것과 같은 효과가 생긴다. 참신한 힘이 주입되므로 생산은 새로운 모습으로 활기를 띨 것이고, 교환도 새로운 자극을 받아 그 효과가 멀리까지 파급될 것이다. 조세의 부담이 생산과 교환에서 지대로 이전되면 부의 생산에 새로운 자극을 주는 이상의 효과가 있다.

    그 외에 새로운 기회를 노동에게 개방하는 효과도 생긴다. 이러한 조세제도 아래에서는 사용하지 않을 토지를 갖고 있으려고 하는 사람이 없어지고, 어느 곳에서든지 사용하지 않는 토지는 그 토지를 사용해 부를 생산하고자 하는 사람에게 개방될 것이기 때문이다. 그리고 토지를 사고파는 가격은 떨어지고, 토지 투기는 치명타를 맞게 된다. 또한 산업을 마비하는 주기적 공황이 사라진다. 특히 이러한 개혁은 노동시장에 중요한 변화를 일으킨다. 현재와 같은 일방적인 경쟁은 사라진다. 노동자가 일자리를 얻기 위해 경쟁을 벌여 임금이 최저 생존 수준으로 떨어지는 대신, 어디서든지 고용주가 노동자를 구하기 위해 경쟁을 벌이고, 임금은 정당한 수준으로 올라간다. 왜냐하면 노동수요에서 가장 큰 경쟁자라고 할 수 있는 자가노동 수요가 노동시장에 등장하기 때문이다. 이 경쟁자는 인간의 욕구가 완전히 충족되기 전에는 절대로 노동수요를 멈추는 일이 없다. 이때 고용주는 교역 확대와 이윤 증대라는 자극을 감지하는 다른 고용주와도 경쟁을 해야 하며, 또 토지 독점을 막는 조세제도 때문에 활짝 개방된 자연의 기회를 이용해 자가노동을 하려는 사람과도 경쟁을 해야 한다.

    둘째, 지대조세제가 부의 분배에 미치는 효과를 살펴보자. 노동과 자본은 전체 생산물 중에서 지대세로 국가가 징수하는 부분을 제외한 나머지를 갖는다. 징수분은 공공목적에 투입되어 공공혜택의 형태로 평등하게 분배될 것이다. 지대를 징수해 공공목적에 사용한다면 실제로 토지사유제를 없애는 것이 되며, 토지의 투기적 독점과 지대의 투기적 상승을 막아 임금과 이자의 절대액이 줄어드는 경향을 봉쇄한다. 지금은 독점되어 있는 자연의 기회를 개방하고 지가를 떨어뜨려서 임금과 이자를 크게 올린다. 노동과 자본은 지금 내고 있는 세금을 안 내는 이익을 얻을 뿐만 아니라, 투기적인 토지가치의 하락으로 지대가 적극적으로 하락함으로써 이익을 얻는다. 평균 임금률과 이자율이 지금보다 훨씬 높아지는 새로운 균형이 형성된다. 새로운 균형이 형성되면 생산력이 더 향상되고 이러한 방향의 변화가 더욱 빠르게 일어날 것이다. 그러면 지대는 계속 상승하지만 임금과 이자를 희생해야 상승하는 것이 아니라 생산이 새롭게 증가해서 상승한다. 사회가 지대를 징수해 공공의 용도로 사용하면 지대 상승분은 사회의 모든 구성원의 이익으로 돌아간다.

셋째, 지대조세제가 부의 분배에 미치는 효과를 통해 다시 생산에 미치는 효과를 살펴보자. 임금의 상승 및 지대를 걷어 공공목적에 씀으로써 생기는 새로운 고용 기회의 창출은 낭비를 막고 엄청난 사회적 손실을 없애주는 정도에 그치지 않는다. 새로운 힘이 노동에 더해질 것이다. 부를 생산하는 자에게 마땅한 대가가 돌아가도록 하는 사회제도는 부를 생산하는 노동 능력을 무한정 끌어올릴 수 있을지도 모른다. 현재와 같은 생산과정에서도 그 이익은 계산할 수 없을 정도가 될 것이다. 그리고 임금이 높아지면 그만큼 생산과정을 개선하는 것이나 기계류를 발명하고 활용하는 것도 빠르고 쉽게 진행된다.

넷째, 지대조세제가 개인과 계층에 미치는 효과를 살펴보자. 지대를 모두 조세로 환수하고 대신 노동과 자본에 부과되는 다른 조세를 면제하는 지대조세제 개혁은 임금으로 사는 모든 사람들, 곧 단순 노무자, 공장 노동자, 기술공, 사무원, 전문직 종사자 등 육체노동자와 정신노동자를 모두에게 큰 혜택을 준다는 것이 명백하다. 그리고 이 개혁은 일부는 임금, 일부는 자본소득으로 사는 모든 사람들, 곧 가게 주인, 상인, 제조업자, 기타 모든 형태의 생산과 교환에 직접 종사하거나 타인을 고용해 사업을 하는 사람들, 예를 들면 행상이나 짐 마차꾼에서부터 철도나 증기선 소유자에 이르기까지 모두에게 틀림없이 혜택을 준다. 또 자신의 소득이 자본소득에서 나오는 사람과 토지 이외의 대상에 투자해서 나오는 사람의 소득도 반드시 증가할 것이다.

한편 지대를 모두 환수하고 대신 노동과 자본에 부과되는 조세를 면제하는 안을 제시하면, 처음에는 모든 지주가 경계를 할 것이다. 또한 힘들게 마련한 재산을 빼앗는 안이라는 말이 나돌아 소규모 농장주나 자가 소유자가 불안해할 경우가 많이 있을 것이다. 그러나 잠시만 생각해 보면, 토지 소유자의 이해관계가 노동자나 자본가의 이해관계보다 아주 크지 않은 사람에게는 이 개혁안이 더 유리하다는 것을 알게 된다. 조금 더 검토해 보면, 아주 많은 토지를 소유한 사람도 상대적으로는 잃는 쪽이라고 할 수 있지만 절대적으로는 이익이라는 것을 알 수 있다. 생산력이 크게 증가함에 따라 노동과 자본은 토지사유제 아래에서 입을 손실보다 훨씬 더 많은 이익을 얻을 것이다. 이러한 이익 말고도 사회 상태가 건강해짐으로써 생기는 더 큰 이익을 토지 소유자 자신을 포함한 모든 사회가 같이 누릴 수 있다.

먼저 자가 소유자의 경우를 생각해 보자. 지대를 전액 환수하면 대지의 매각가치는 이론상으로는 소멸할 정도로 하락한다. 그러나 대지의 효용은 여전하며, 앞으로 좀 더 큰 대지를 취득하거나 자녀가 자라서 집이 필요할 때, 대지 매각가격 하락의 이익을 받게 된다. 자가 소유자는 토지에 대한 세금은 더 내겠지만 자기 주택이나 개량물, 가구와 같은 개인 재산, 가족이 먹고 마시고 입는 모든 것에 대해서 세금을 내지 않는다. 또 임금 상승, 안정된 고용, 활기 있는 거래 따위로 수입이 많아진다.

다음으로 자영 농장주 혹은 자작 농민의 경우를 생각해 보자. 이 제안의 완전한 의미를 이해하기 전에는 역설같이 들릴지 모르지만, 모든 세금을 토지가치에 매기면 단순 노무자 이상의 모든 계층 중에서 이 사람들이 가장 큰 덕을 본다. 이들은 힘들게 일하는데도 편한 생활을 하지 못한다는 것을 느끼고 있으나 그 원인을 제대로 모른다. 사실 그 원인은 현재의 조세가 이들에게 가혹하게 부과된다는 데 있다. 그러므로 다른 세금 대신 부과하는 지대세는 토지가치가 비교적 낮은 농업지역이 아니라 토지가치가 높은 도시지역에 가장 무겁게 낙착되기 때문에 토지가치에만 과세하면 농장주가 큰 이익을 얻게 된다. 스스로 일하는 농민은 노동자이자 자본가인 동시에 토지 소유자이며 노동과 자본으로 생활을 영위하고 있다. 그러므로 지대조세제 실시에 따른 농민의 손실은 명목적일 뿐이며 이익은 실질적이고 크다. 이런 사정은 정도는 다르겠지만 모든 토지 소유자에게 공통으로 적용된다. 상당수의 토지 소유자는 어떤 형태든 노동을 하는 사람이다. 노동자도 자본가도 아닌 토지 소유자는 드물다.

마지막으로 대지주의 경우를 생각해 보자. 대체로 대지주일수록 대자본가이기 때문에, 토지가치에 모든 조세를 부과하면 거대한 재산이 줄어들기는 하지만 부자를 무일푼으로 만들지는 않는다. 웨스트민스터Westminster 공작은 런던에 있는 토지의 상당 부분을 차지하고 있으며, 아마도 세계에서 가장 부유한 토지 소유자일 것이다. 지대를 모두 조세로 징수하면 그의 거대한 소득이 줄겠지만, 건물은 그대로이며 건물과 기타 여러 형태의 동산에서 생기는 수입은 그대로이다. 공작은 누릴 수 있는 모든 복을 그대로 누릴 것이다. 더구나 전보다 훨씬 좋아진 사회에서 그 복을 누릴 수 있다.

지대조세제가 실시되면, 부의 총량이 엄청나게 증가할 뿐 아니라 평등하게 분배된다. 물론 모든 사람이 똑같은 양의 부를 가진다는 뜻은 아니다. 이는 각자의 힘과 욕구가 서로 다른 경우에 평등한 분배라고 할 수 없을 것이다. 부가 개인의 근면, 기술, 지식, 절제를 통해 공동의 부에 기여한 정도에 따라 분배된다는 뜻이다. 생산하는 사람이 아니라 생산하지 않는 소수의 손 안에 부가 집중되는 큰 원인이 사라질 것이다. 불평등이 계속 존재한다면 그것은 자연스러운 불평등일 뿐, 자연법을 부정해서 생기는 불평등은 아니다.

다섯째, 지대조세제가 사회조직과 사회생활에 미칠 효과를 살펴보자. 먼저 정부의 기능이 크게 간소화된다. 정부의 주요한 업무인 질서유지, 군비 확보, 사법부 운영을 제외하고도, 징세를 하고 탈세를 방지하거나 처벌하고, 각종 세원에서 나오는 세금을 비교하고 확인하는 일이 업무의 4분의 3은 충분히 될 것이다. 또한 8분의 7까지 차지할 가능성도 있다. 개혁을 실시하면 이와 같이 방대하고 복잡한 정부기구가 필요 없다.

또한 임금이 상승하고 모든 사람에게 자연의 기회가 개방되어 사람들이 쉽게 생활해 나갈 수 있게 되어 사회에 도둑, 사기꾼, 기타 부의 불평등한 분배 때문에 생기는 범죄자가 없어진다. 이렇게 해서 형법 운영과 그와 관련된 경찰, 수사관, 교도소, 보호감호소 등도 민사법의 운영처럼 사회의 활력과 주의력을 축내지 않게 된다. 생산자의 비용으로 운영되는 판사, 정리, 법원서기, 교도소 간수, 그밖에 수많은 변호사들도 필요없다. 법률 문제를 따지는 데 소모되는 재능은 고차원의 대상을 추구하는 데 활용될 수 있다.

사회주의의 꿈을 실현하는 것도 가능하다. 현재의 정부 기능을 간소화하고 축소하면 정부가 다른 기능을 — 그 필요성이 커지고 있는 기능을 — 더 맡을 수 있다. 전신이나 우편, 철도 건설과 운영, 도로 개설과 유지 따위의 업무를 더 맡을 수 있다. 또한 정부가 이러한 기능을 위험이나 어려움 없이 맡아서 현재와는 달리 관심 있게 업무를 처리할 수 있을 것이다. 물질적 진보가 더욱 빠르게 이루어져서 지대가 꾸준히 상승할 것이므로 토지세 수입은 막대한 잉여를 낳고 잉여액도 점점 많아진다. 공동재산에서 나오는 공동수입은 스파르타에서처럼 공동의 이익을 위해 쓸 수 있다. 공공의 식당을 운영할 필요는 없지만 공공 화장실, 박물관, 도서관, 정원, 강연회장, 음악무용회관, 극장, 대학교, 기술학교, 실내사격장, 운동장, 체육관 따위를 설립할 수 있다. 난방, 전기, 동력도 공공의 비용으로 도로를 따라 공급할 수 있다. 도로에는 과일나무를 가로수로 심을 수 있다. 발명과 발견을 하면 보상을 하고 과학 연구를 지원할 수 있다. 공공이익을 위한 노력을 장려하기 위해 갖가지 방법으로 공공수입을 사용할 수 있다. 사회주의자의 이상은 이렇게 달성할 수 있지만 정부의 압제를 통해서는 안 된다. 정부의 성격도 변화해 사회라는 거대한 협동조합의 관리를 맡게 된다. 정부는 단지 공동재산을 공동의 이익을 위해 관리하는 주체가 된다.

그리고 대규모 자본이 투입되는 기업에서는 노동조직이 협동조합 방식을 취할 것이다. 부가 더 평등하게 분산되면 같은 사람이 자본가 겸 노동자가 될 것이기 때문이다.

한편 궁핍에 대한 두려움이 탐욕을 불러오는데, 지대조세제가 실시되어 궁핍과 궁핍에 대한 두려움이 사라지면 탐욕을 절제할 수 있다. 노동자에게 자유로운 일터와 완전한 대가를 주고, 사회가 성장해서 생긴 기금을 사회 전체의 이익을 위해 징수하면 여러 가지 변화가 나타난다. 궁핍이나 궁핍에 대한 두려움이 사라진다. 생산이라는 용수철은 자유롭게 튀어 오르고 부가 엄청나게 증가해 최하층도 안락한 생활을 할 수 있다. 숨 쉴 공기를 염려하지 않듯이 일자리도 염려하지 않는다. 들에 핀 백합처럼 먹고살 걱정을 할 필요가 없다. 과학이 발전하고 발명이 계속되고 지식이 보급되어 모든 사람이 혜택을 누린다.

현재 사회에서는 분배 상태가 매우 불공정해서 각자에게 충분한 부가 돌아가지 못하고 많은 사람이 궁핍하게 될 것이 확실하기 때문에 사람들이 부를 갖기 위해 욕심을 부린다. 그러나 부를 공정하게 분배하면 모든 사람이 궁핍해지는 두려움에서 풀려나므로, 품위 있는 상류사회에서 음식을 탐하지 않는 것처럼, 부에 대해 욕심을 부리지 않을 것이다. 이러한 인간 본성의 원리를 보여주는 예로, 초기 캘리포니아 주에서 운항하던 증기 여객선의 특실과 보통실 간에 예절 면에서 아주 큰 차이가 있었던 사실을 들 수 있다. 여객선은 붐볐지만 특실이나 보통실이나 음식은 충분했다. 그러나 보통실에는 능률적인 서비스를 위한 규칙이 없었기 때문에 식사 때는 혼란스러웠다. 그러나 특실에는 각자 지정석이 있었고 음식을 못 먹을 염려가 없었으므로 보통실과 같은 혼란과 낭비가 나타나지 않았다. 이러한 차이는 사람의 성품이 아니라 제도 때문에 생긴다. 특실 승객이 보통실로 옮기면 탐욕 경쟁에 휩쓸릴 것이고, 보통실 승객이 특실로 옮기면 질서와 예절을 잘 지킬 것이다. 사회에서 현재와 같은 정의롭지 않은 분배 대신 정의로운 분배가 실현되면 같은 차이가 발생할 것이다.

궁핍 내지 궁핍에 대한 두려움이 없어지면 부를 동경하는 것도 수그러들고, 부의 획득과 과시가 아닌 다른 방법으로 타인의 존경과 인정을 얻으려 할 것이다. 인류의 생활을 개선하는 일, 예를 들면 지식을 확대하고 힘을 키우고 문예를 풍부하게 하고 사상을 고양하는 일은 생계를 위해 하는 일이 아니다. 이런 일은 노예가 채찍질이나 동물적 욕구 때문에 강제로 할 수 있는 일이 아니다. 그 자체를 목적으로 할 뿐, 더 많이 먹고 마시고 입고 과시하기 위해 하는 일이 아니다. 사회에서 궁핍이 사라지면 이러한 일들이 크게 늘어날 것이다.

그리고 환경이 뒷받침되면 평범한 사람도 영웅이나 지도자, 학자와 교사, 현자와 성자가 될 수 있다. 그러나 현실은 능력을 발휘하는 사람이 하나라면 제대로 성장을 못하고 기형이 되는 사람은 수도 없이 많다. 만약 궁핍 내지 궁핍에 대한 두려움을 제거하고 모든 계층에게 여가, 편안함, 독립, 점잖고 세련된 생활, 정신과 도덕이 발전할 기회를 주면, 숨어 있는 자질과 능력이 나타나서 인간의 생활을 풍요롭고 충실하고 행복하고 고상하게 만들 것이다. 부자가 되기 위해 경쟁하느라 힘을 낭비하는 사람, 공장에서 기계와 다름없이 일하면서 연명하기 위해 일에 묶인 사람, 빈민가에서 자라는 어린이 등, 그 누구에게나 높은 수준의 힘과 빛나는 재능이 있기 때문이다. 이러한 힘과 재능은 기회만 주어지면 발휘될 수 있다.

지금 사회에서는 정상에 있는 사람들마저, 자신들은 인식하지 못하더라도, 사회에 존재하는 궁핍과 무지와 타락으로 고통을 받고 있다. 이 점을 감안한다면, 지대조세제 개혁이 실현되면 모든 사람이, 심지어 가장 많은 토지를 소유한 사람조차도 혜택을 누릴 수 있다. 또한 가장 많은 토지를 소유한 사람이라고 하더라도, 자녀에게 현재와 같은 사회에서 큰 재산을 물려주기보다 개혁된 사회에서 그 재산이 없어도 잘살 수 있게 해주는 것이 자녀의 미래를 위해 더 안전할 것이다. 만일 이런 사회가 존재한다면, 이 사람이 자기 재산을 다 주고 이 사회에 들어간다고 해도 오히려 이득이 될 것이다.

이제 탐구는 더 넓은 분야로 상승해 또 다른 출발점에서 시작해야 한다. 왜냐하면 우리가 도달한 결론에서 끌어낼 수 있는 법칙이 진정한 법칙이라면, 그것은 반드시 보편적인 역사와 일치해야 하기 때문이다. 그러므로 '인간 진보의 법칙'을 이끌어내 마지막 검증으로 삼을 필요가 있다.

사람이 따로따로 떨어져 살면 개인의 모든 힘을 생존을 유지하기 위해 다 써야 한다. 정신력은 사람들이 사회 속에서 서로 어울릴 때만 자유로워져 높은 차원의 목적에 사용될 수 있다. 어울림으로 분업이 가능해지고 많은 사람이 협력해서 생기는 경제성이 나타난다. 그러므로 어울림은 진보의 첫째 요소이다. 개선은 사람들이 평화롭게 어울릴 때 이루어지며, 어울림이 넓고 긴밀할수록 개선 가능성이 더 커진다. 그리고 인간에게 평등한 권리를 부여하는 도덕법칙이 무시되느냐 존중되느냐에 따라 정신력이 대립 속에 낭비되느냐 아니냐가 결정되므로, 평등(또는 정의)은 진보의 둘째 요소이다. 즉 '평등 속의 어울림'이 진보의 법칙이다. 어울림은 정신력을 자유롭게 해 개선에 바칠 수 있도록 해준다. 또 평등은 쓸 데 없는 싸움에 정신력이 소모되는 것을 막아준다.

문명의 차이는 개인 차이에서가 아니라 사회조직의 차이에서 생긴다. 진보는 언제나 어울림으로 촉발되었다가 언제나 불평등이 커짐으로써 퇴보로 바뀐다. 지금도 현대 문명 속에 과거의 모든 문명을 파괴했던 원인이 드러나고 있다. 토지사유제에서 비롯된 불평등의 문제를 해결하지 않는 한, 정치적 민주주의만으로는 무정부 상태와 전제정치로 빠지게 될 것이고, 결국 문명은 쇠퇴하고 말 것이다.

3장

헨리 조지와
지공주의에 대한
평가와 전망

경제학자로서 헨리 조지

헨리 조지의 토지 사상은 고전학파 경제학의 연장선에 있다. 고전학파를 대표하는 스미스Adam Smith, 리카도David Ricardo, 밀J. S. Mill은 지대가 불로소득이고 지대를 환수해도 경제에 아무런 지장을 주지 않는다는 공통된 인식을 갖고 있었다. 지대조세제의 핵심 근거가 되는 지대 이론도 리카도의 차액지대설과 다르지 않다. 단지, 리카도의 차액지대설이 농지에 초점을 맞춘 이론인데 비해 헨리 조지는 이를 확대해 도시용 토지에도 적용했다는 차이가 있다. 밀도 토지사유제의 부당함을 명백하게 지적했다는 점에서 헨리 조지와 닮은꼴이다. 다만 그 해결책으로 헨리 조지가 지대를 완전히 환수하는 지대조세제를 제시한 반면, 밀은 과거를 묻지 말고 앞으로 발생할 토지 불로소득만을 환수하는 타협책을 제시했다는 점에서 차이가 있다.

그러나 20세기에 와서 헨리 조지는 경제학계에서 거의 잊혀진 인물이 되고 말았다. 헨리 조지 자신이 학계 인사가 아니어서 학문적 후계자를 기르지 않았다는 점도 작용했겠지만 더 큰 이유는 역사에서 찾아야 할 것이다. 20세기는 자본주의와 사회주의 두 진영이 세계를 양분했는데, 각 진영의 이론 근거인 신고전학파와 좌파 경제학은 헨리 조지 사상과 양립할 수 없었다. 헨리 조지의 사상은 토지 문제를 핵심으로 하는 데 반해 신고전학파와 좌파 경제학은 모두 토지의 독자성을 인정하지 않았다. 신고전학파는 헨리 조지 사상의 토대인 고전학파의 토지관을 버렸고, 헨리 조지가 환수해야 한다고 주장한 토지 지대도 다른 생산요소의 대가와 다르지 않다고 보았다. 또 헨리 조지 사상은 토지를 제외한 재산의 사유를 적극 옹호하면서 시장경제를 기반으로 하고 있기 때문에, 생산수단의 사회화 및 계획경제를 기반으로 하는 사회주의와 본질적으로 융화될 수 없었다.

오늘날 경제학에 남아 있는 헨리 조지의 흔적은 미미하지만 헨리 조지의 토지 사상을 구현하는 핵심 수단인 토지보유세에 대해서는 오늘날의 경제학 교과서에서도 한 목소리로 그 우수성을 인정하고 있다. 어느 경제학 교과서를 보더라도,

토지가치에 균일한 세율을 적용하는 보유세는 경제 효율 면에서 가장 이상적인 세금이라고 되어 있다. 이 점은 지대조세제에 반대하는 사람마저도 객관적인 진리로 인정하고 있다. 아이러니가 아닐 수 없다.

경제학자로서 헨리 조지에 대한 평가 가운데 슘페터의 평가가 가장 공정한 것으로 보인다. 오스트리아 출신의 미국 이론경제학자인 슘페터Joseph A. Schumpeter(1883~1950)는 "창조적 파괴"라는 용어로 우리에게 익숙하며, 케인즈와 더불어 20세기 전반의 대표적 경제학자로 평가되는 사람이다. 슘페터가 1954년에 펴낸 명저 『경제분석사 *History of Economic Analysis*』에서 헨리 조지에 대해 언급한 부분을 요약하면 다음과 같다.

"헨리 조지는 이 책에 나오는 경제학자 모두를 합한 것보다 더 큰 대중적인 성공을 거둔 사람이다. 독학을 했지만 경제학 연구에 필요한 지식과 능력에서는 당시 정식 교육을 통해 얻을 수 있는 대부분을 습득한 어엿한 경제학자였다. 그는 정통 경제학자였고 방법론도 매우 신중했다. 헨리 조지가 제안한 해결책인 지대조세제는 민간기업 경제의 효율성을 가장 적게 침해하는 방식을 취하고 있다. 지대조세제는 조세 수입 규모를 너무 낙관했다는 점만 제외한다면 경제학적으로 일리 있는 주장이다. 다만, 헨리 조지가 지대조세제를 만병통

치약인 것처럼 묘사한 점은 지나치다."

지금까지 경제학계에서 헨리 조지가 어떤 위치를 차지하는지를 보았으나 헨리 조지는 학자를 자처한 사람이 아니다. 『진보와 빈곤』이 출간되기 2년 전인 1877년 캘리포니아 대학교(버클리)에서 헨리 조지를 교수로 초빙하려는 움직임이 있었다. 이런 가운데 헨리 조지가 이 대학에서 "경제학 연구(The Study of Political Economy)"라는 제목으로 강연을 하게 되었다. 강연에서 헨리 조지는 이렇게 당시의 학계를 통렬하게 비판했다. "대부분의 교수들은 현존하는 (부당한) 사회체제를 학문으로 정당화하는 것이 경제학이라고 인식하고 있는 것으로 보입니다. (중략) 경제학을 연구하는 데는 특별한 전문 지식이나 대규모 도서관 또는 값비싼 실험실을 갖출 필요가 없습니다. 스스로 생각하기만 하면 교과서나 선생님도 필요 없습니다."

이 강연 이후 교수 초빙 움직임은 중단되고 말았다. 헨리 조지가 교수가 되고 싶었다면, 호의를 가지고 자신을 초빙하려는 학교에 가서 이런 표현을 하지 않았을 것이다. 헨리 조지는 자신의 신념을 굴절 없이 표현하고 싶었던 것 같다. 이런 사례에서 보더라도 헨리 조지는 직업 학자보다는 이론을 겸비한 운동가로 살기를 더 원했던 것으로 보인다. 실제로 그 후 그의 삶은 바로 그런 모습이었다.

지공주의

지공주의에 대한 비판론

　지공주의地公主義란 헨리 조지의 토지 사상을 일컫는 다른 이름이다. 헨리 조지의 일생을 소개한 제2장에서도 보았듯이, 지공주의는 세계적인 공감대를 형성했지만 반면에 그에 대한 비판도 적지 않았다. 요즘 대표적인 교과서의 하나로 꼽히는 오설리번Arthur O'Sullivan의 『도시경제학 *Urban Economics*』에는 대표적인 비판을 세 가지로 요약하고 있다.

　첫째, 지대를 모두 환수하면 토지 순수익이 0이 되고, 따라서 토지의 매매가격, 즉 지가도 0이 된다. 이는 사유지를 국가가 몰수하는 것과 같으므로 불공평하다. 둘째, 토지의 순수익이 0이 되면 토지 소유자는 소유를 포기할 것이고, 토지 이용은 정부가 결정하게 되어 비효율이 초래된다. 셋째, 지대를 평가하기 어렵다. 대부분의 토지는 건물 등 인공 시설과 결합해 있으므로 그 가치를 분리해서 평가하기 어렵다. 우리나라에도 지공주의를 비판하는 연구가 나와 있는데, 역시 비슷한 내용을 담고 있다. 예를 들면, 곽태원 교수의 연구보고서인 『토지는 공유되어야 하는가?』(2005, 한국경제연구원)가 있다.

우선 첫째 비판인 불공평성 문제를 살펴보자. 지대를 환수하면 지가가 0이 된다는 점은 이론으로는 틀림없다. 그러나 토지 소유자가 손해를 보는 정책이라고 해서 반대하는 것이 옳을까? 대부분의 정책은 국민 간에 상반된 이해관계를 일으키기 마련이다. 예를 들면 한미자유무역협정(FTA)을 맺으면 반도체나 자동차 수출은 늘어날 수 있지만, 농업처럼 국제경쟁력이 약한 부문은 타격을 입는다. 따라서 정책의 좋고 나쁨에 대해서는 전체 국익을 기준으로 판단해야 한다. "손해 보는 사람이 생기는 정책 변화는 불공평하다"고 한다면 불공평성 시비를 벗어날 수 있는 정책이란 거의 없다. 더구나 지대세 수입이 늘어나면 정부는 다른 세금을 감면하게 되는데, 그렇다면 불공평성 문제는 더욱 줄어든다.

또 지대조세제를 단숨에 도입하면 지가가 갑자기 폭락한다. 오늘날의 사회에서 지가가 한순간에 0이 된다면 사회가 혼란할 수 있기 때문에 지대조세제의 도입은 천천히 할 수밖에 없다. 즉 지대세의 세율을 낮은 수준에서 시작해서 20년 또는 그 이상 긴 기간에 걸쳐 서서히 올려갈 수밖에 없다. 지대조세제가 바람직한 제도라면 이렇듯 천천히 도입하는 것마저 불공평하다고 비난할 수 있을까?

만일 "아무리 서서히 이행하더라도 결국 지가가 0이 될 것 아닌가? 따라서 적절한 보상이 필요하다"고 국민이 합의한다면, 토지 소유자에게 매입지가와 그 이자를 보상하는 방법을 쓰면 된다. 보상을 한다고 해도 정부가 따로 보상 재원을 마련해야 하는 것은 아니다. 단지 지대를 모두 징수하는 대신 지대에서 이자를 공제하고 그 초과액만 징수하면 된다. 이자란 토지 소유자가 과거에 토지를 취득했을 당시의 지가에 대한 이자를 말한다. 이런 세금을 '지대이자차액세' 또는 '이자공제형 지대세'라고 하며, 부르기 좋게 '국토보유세'라고 하기도 한다. 지대세액에서 이자를 공제하면 지가는 매입지가 수준에서 일정하게 유지된다. 따라서 토지 소유자는 토지를 보유하는 동안 매입지가의 이자를 얻고 매각할 때 매입지가를 돌려받는다. 이런 세금은 공평성 시비를 원천적으로 봉쇄할 수 있다.

둘째 비판, 즉 지대를 환수하면 "토지 소유자는 소유를 포기할 것이므로 토지 이용은 정부가 결정하게 되어 비효율이 초래된다"는 비판을 보자. 우선, 토지 소유를 포기한다는 생각부터 이상하다. 지대조세제에서는 지가가 0이 된다고 했다. 즉 토지를 사들이는 데 비용이 들지 않는다는 것이다. 그렇다면 토지 실수요자는 토지 이용에 대한 보장을 더 확실하게 하기 위해서 당연히 토지를 소유하려고 하지 않을까? 이런 단순한 사실에 대해서도 오해를 하는 것은 우리가 토지를 재테크 대상으로 간주하는 잘못된 풍토에 길들여져 있기 때문이다.

또 이 비판은 지대소득이 있어야만 토지를 이용할 유인이 생긴다는 가정을 아래에 깔고 있다. 이해하기 어려운 가정이다. 경제학 교과서를 보면, 기업은 지대를 포함한 생산요소 가격을 비용으로 지불하도록 되어 있다. 즉 기업에 대해 지대는 소득이 아니라 비용일 뿐이다. 정상적인 시장에서 토지를 이용하는 사람은 지대소득을 얻는 것이 아니라 토지를 이용해 수행하는 사업에서 소득을 얻는 데 목적이 있다. 이와 관련해, 지대를 모두 환수하면 토지 개발의 유인이 사라진다는 비판도 있다. 그러나 건설업의 목적도 지대소득이 아니라 건설업의 이윤을 얻는 데 있다. 예를 들어, 지대소득을 얻을 수 없는 정부 발주 공사의 경우에도 건설업체가 경쟁을 벌인다는 사실을 생각해 보라. 건설업자에게 지대소득을 보장하면 오히려 필요 없는 개발을 촉진하는 (지대를 떨어뜨리는 개발을 할 경우에는 필요한 개발을 억제하는) 부작용이 생긴다.

또한 지가가 0이 되면 토지시장의 기능을 잃어버려 토지 이용을 정부가 결정하게 된다는 비판도 있지만, 역시 근거가 없다. 토지 매매가격인 지가가 0이 된다고 해서 토지의 이용가격인 (또는 임대 가격인) 지대까지 0이 되는 것은 아니다. "시장에서 토지 이용은 지대를 매개로 해서 결정된다"는 것은 경제학의 기본 원리에 속한다. 지대조세제를 실시해도 지대는 그대로 살아 있고, 토지의 입지적 특성을 반영해 등락하므로 토지시장의 기능에 문제가 없다.

지대이자차액세에 대해서도 이와 비슷하게 "지가가 일정하게 유지되므로 토지 이용을 정부가 결정한다"는 비판을 할 수 있다. 하지만 지가는 일정하지만 지대는 자연스럽게 변한다는 점을 생각하면 이 역시 근거가 없음이 쉽게 드러난다.

셋째 비판은 토지와 건물 등 인공 시설을 분리해서 평가하기 어렵다는 것인데, 아마도 토지 평가 실무를 오해한 데서 비롯된 것 같다. 지대세의 과표는 토지 위에 세운 지상물이 불에 타 없어졌다고 할 때의 빈 땅, 즉 나대지裸垈地의 가치다. 지상물이 있건 없건 토지를 나대지로 보고 평가하면 된다. 또 실제로 여러 나라에서 토지와 건물의 분리 평가는 현실 제도로 정착되어 잘 운영되고 있다.

물론, 지대를 정확하게 평가하는 일이 쉽다는 말은 아니다. 모든 세금에서 과세표준을 평가하는 문제는 쉽지 않으며 다같이 풀어야 할 숙제다. 예를 들어 소득세를 부과하려면 소득을 평가해야 하는데, 눈에 보이지도 않고 사생활 문제 때문에 공개적으로 타인과 비교를 할 수도 없는 소득을 정확하게 평가하는 것은 매우 어렵다. 그런데도 소득세는 보편적인 세금으로 자리를 잡고 있다. 이에 비하면 눈에 보일 뿐 아니라 평가 결과를 공개해서 비교해도 아무 지장이 없다는 점에서 토지 평가는 오히려 쉽다. 평가의 문제에 대해 염려하는 것은 좋지만 이를 근거로 지공주의를 반대하거나 비판하는 것은 옳지 않다.

이처럼 지공주의에 대한 비판은 근거가 없다. 하지만 헨리 조지의 주장 가운데 두 가지 점은 오늘날의 상황과 맞지 않는 것으로 보인다. 하나는 헨리 조지가 지대조세제를 단숨에 도입하자고 했다는 점이다. 지대세는 지가를 0으로 만들기 때문에 오늘날처럼 토지가 대출 담보로 널리 이용되고 있는 경우에 지대세의 세율을 처음부터 매우 높게 설정하면 토지의 담보 가치가 사라져서 금융 위기로 이어질 수 있다. 따라서 점진적으로 도입할 수밖에 없다. 또 하나는 지대세만으로 모든 정부 세입을 충당할 수 있으므로 다른 모든 조세를 없애도 좋다고 한 점이다. 그래서 그가 제안한 지대세를 단일세(single tax)라고 부르기도 한다. 그러나 정부의 기능이 확대된 오늘날에는 지대세 수입만으로 충분하지 않다는 견해도 많으므로, '단일세' 보다는 지대세를 다른 세금에 앞서 징수한다는 '최우선세' 개념으로 수정할 필요가 있다.

지공주의는 제3의 이데올로기

위에서는 경제학계에서 헨리 조지와 지공주의를 어떻게 평가하고 비판하는지를 살펴보았다. 이제 지공주의를 두 가지 면에서 새롭게 해석해 보자. 하나는 지공주의가 제3의 이데올로기라는 면이고, 다른 하나는 지공주의를 토지에서 자연 전체로 확대해 적용할 수 있다는 면이다.

지공주의는 자본주의와 사회주의를 거부하는 제3의 이데올로기이다. 자본주의는 토지와 자본의 사유를 원칙으로 하고, 사회주의는 양자의 공유를 원칙으로 하지만, 이는 모두 인간의 상식에 어긋난다. 자본주의가 토지의 사유를 인정하는 것은 그것이 옳기 때문이 아니라 어쩔 수 없이 현실을 긍정한 것이다. 이러한 자본주의 체제에서는 토지의 사유로 생기는 빈부격차, 토지 투기 따위의 문제가 끊임없이 생긴다. 반면 사회주의는 자본을 사회화하는데, 이것은 인간의 이기적인 본성을 외면하는 지나친 이상주의이다. 자본의 사유화를 막는다면 아주 일부의 이타적인 사람을 제외한 대부분의 인간은 자본을 생산하려고 하지 않을 것이기 때문이다.

반면 지공주의는 자본의 사유와 토지의 공유를 바탕으로 한다. 즉 노력해서 생산한 것에 대해서는 생산자의 사유를 인정해 효율성을 달성하고, 사람의 노력과 무관하게 하늘에서 내린 토지는 사유 대상에서 제외함으로써 형평성을 달성하자는 것이다. 헨리 조지의 토지 사상을 지공주의라고 부르는 이유는 바로 여기에 있다.

오해하지 않기 위해 덧붙이자면, 토지를 공유한다고 해서 토지의 단독 사용을 금지하는 것은 아니다. 오늘날 자본주의를 견제하는 역할을 해온 사회주의가 퇴조해서 자본주의의 병폐가 더욱 심해지지 않을까 염려하고 있다. 이 시점에서 이와 같은 제3의 체제는 주목을 받고 있다. 세 체제를 비교하면 아래 표와 같다.

우리나라는 아직도 남과 북으로 갈라져 가기 자본주의와 사회주의를 기본 체제로 삼아 대립하고 있다. 또 남한과 북한은 모두 통일을 간절히 바라고 있으면서도 통일한 뒤에도 서로 자기 체제를 고수하는 것을 당연하게 생각하고 있는 실정

체제	토지	자본
자본주의	사유	사유
사회주의	공유	공유
지공주의	공유	사유

〈표 1〉 세 체제의 비교.

이다. 남북한이 서로 마음을 열고 제3의 체제에 진지한 관심을 갖는다면 이상적인 절충안인 지공주의에 합의할 수 있을 것이다.

한편 지공주의는 절충안이라기보다 진정한 사유재산제, 진정한 자본주의를 추구한다고도 할 수 있다. 진정한 사유재산제란 노력과 기여한 결과를 소유할 수 있도록 하는 동시에 개인의 노력이나 기여와는 무관한 것을 소유하는 것은 인정하지 않는 제도이어야 한다. 이런 점에서 보면 현실 자본주의는 불완전한 사유재산제 위에, 지공주의는 진정한 사유재산제 위에 서 있다. 자본주의는 사유재산제를 근간으로 하는 체제이므로 진정한 사유재산제 위에 서 있는 지공주의야말로 진정한 자본주의라고 하겠다.

또한 지대조세제는 진정한 사유재산제를 구현하는 세제이다. 자본주의 사회의 세제는 사유된 것의 상당 부분을 조세로 징수하기 때문에 진정한 사유재산제에 어긋난다. 그러나 지대조세제는 불로소득인 지대를 조세로 징수하고, 그 대신 노력과 기여의 대가인 임금 및 이자의 완전한 사유를 보장한다.

자본주의 사회의 세제와 지대조세제를 비교하면 〈그림 3〉과 같다.

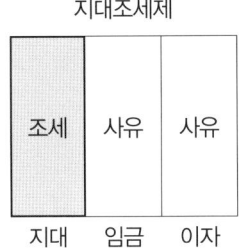

〈그림 3〉 세제의 비교.

지공주의의 확대

헨리 조지는 자원 고갈과 환경오염 문제가 심각하지 않은 시대에 살았기 때문에 자연에서 주로 토지에 관련된 문제를 다루었다. 그리고 해결책으로 토지 지대를 모두 환수하고 다른 조세를 감면하는 지대조세제를 주창했다. 그러나 오늘날에 와서는 토지 말고도 천연자원과 환경의 중요성이 매우 커졌다. 따라서 지공주의의 토지원리는 자연 전반에 적용하는 자연원리로 폭을 넓히고, 지대조세제는 자연조세제로 확대할 수 있다.

지공주의의 토지원리는 토지가 하늘에서 내린 자원이라는 점에서 다음과 같은 원리를 말한다.

(1) 토지에 대해서는 모든 인간이 평등한 권리를 갖는다.
(2) 사회에서 필요하면 사회적 합의에 따라 단독 사용을

인정할 수 있다.

(3) 단독 사용을 인정하려면 다음과 같은 조건을 갖추어야 한다.

㉮ 토지 취득 기회 균등
㉯ 단독 사용으로 타인을 배제하는 대가 환수
㉰ 단독 사용을 인정하는 사회적 취지에 적합하게 사용

이러한 토지원리는 토지 이외의 모든 자연물에도 당연히 확대해서 적용할 수 있다. 여기에서 자연은 다음과 같은 세 가지 종류로 나누어 볼 수 있다.

첫째로 넓은 의미의 토지이다. 여기에는 좁은 의미의 토지 이외에 토지처럼 위치와 존재량이 고정되어 있는 자연이 포함된다. 고정되어 있는 자연을 사용하는 수요가 늘어나면 혼잡해지고 그에 따라 지대가 발생한다. 오늘날 혼잡해지는 새로운 예로는 전파대역, 위성궤도 따위를 들 수 있다. 전파대역은 라디오, 텔레비전, 이동통신 등의 전파를 실어 나르는 통로이기 때문에 오늘날 수요가 아주 빠르게 늘어나고 있어 주목된다. 이런 종류의 자연을 특정인이 단독으로 사용하면 타인을 배제하는 결과가 생긴다는 점에서 토지와 공통된다. 따라서 환수 대상은 배제의 대가인 지대가 된다.

둘째로 토지 이외의 천연자원이 있다. 예를 들면 광물, 석유, 천연 동식물, 오존층 따위다. 이 종류의 공통성은 특정인의 사용이 타인을 배제한다는 점 말고도 사용할수록 존재량이 줄어들기 때문에 후손도 배제한다는 점이다. 따라서 환수액은 지대 이외에 고갈피해액 내지 자원대체비용이 된다. 오존층 파괴는 아래에서 말하는 오염 대상의 하나이기도 하지만, 고갈이 될 뿐 회복되지 않는다는 점에서 천연자원의 하나로 포함시켰다.

셋째로 오염 대상으로서의 환경이 있다. 예를 들면 공기와 물이다. 이 종류의 공통성은 특정인의 사용이 타인을 배제한다는 점 말고도 사용할수록 오염되기 때문에 후손을 배제한다는 점이다. 따라서 환수 대상은 지대 이외에 오염 피해 내지 환경회복비용이 된다.

토지, 천연자원, 환경을 비교하면 다음 표와 같다.

대상	사용 결과	형평비교대상	환수액의 내용
토지	배제	타인	지대
천연자원	배재 + 고갈	타인 + 후손	지대+고갈 피해/자원대체비용
환경	배재 + 오염	타인 + 후손	지대+오염 피해/환경회복비용

〈표 2〉 토지, 천연자원, 환경의 비교.

또한 토지원리는 자연 이외에 개인의 노력으로가 아니라 사회가 공동으로 창출한 공동의 자원에까지 확대 적용할 수 있다. 그 좋은 예로 정부 권력이 있다. 정부는 국민 전체의 이익을 위해 존재하고, 정부의 권력은 국민이 각자의 자유를 유보하는 데 동의함으로써 정당화된다. 따라서 정부와 정부 권력은 국민 공동의 자원이며, 모든 국민은 정부 및 정부 권력에 대해 평등한 권리를 갖는다. 그런데 정부가 권력을 배경으로 특정 주체에게 어떤 우선권을 부여한다면 — 예를 들어 특허권이나 독점권을 주어서 다른 업체에 대한 진입장벽 설정 등 — 이는 하늘이 내린 토지에 대한 단독 사용을 인정하는 것과 같다. 그러므로 토지에 대한 단독 사용을 인정하는 경우와 같은 조건이 이런 경우에도 적용되어야 한다. 다시 말해, 첫째로 모든 국민은 우선권을 얻을 수 있는 균등한 기회를 가져야 한다. 둘째로 우선권 때문에 특별한 이익이 생기면 — 이런 이익을 경제학에서 "렌트rent"라고 한다 — 이를 환수해야 한다. 셋째로 우선권자는 우선권을 인정하는 사회적 취지에 적합하게 이를 활용해야 한다는 조건이다.

지공주의의 앞날

위에서 본 것처럼 지공주의는 헨리 조지가 타계한 지 백 년이 지난 오늘날 사회문제에도 커다란 의미가 있다. 그렇다면 지공주의의 앞날은 어떠할까? 지난 백 년처럼 망각 속에 묻히고 말 것인가? 아니면 사회문제의 해결책으로써 폭넓게

지공주의 운동의 주제가. "친구 지공주의자들이여, 와서 단결하라. 자연의 선물을 자유롭게 하기 위해 노력하라. 토지가 자유롭게 될 때까지 노력하자. 살아 있는 모든 사람을 위한 권리여! 네 이웃에게 말하라. 널리 전파하라. 토지는 모든 인류가 태어나면서 받는 권리임을!"

받아들일 것인가? 이 점에 대해서는 우선 헨리 조지의 말을 들어보자.

> 지금까지 내가 밝히려고 노력한 진리는 쉽사리 받아들여지지 않을 것이다. 받아들이기 쉬운 진리였다면 벌써 그렇게 되었을 것이다. 받아들이기 쉬운 진리였다면 은폐되지도 않았을 것이다. 그러나 이 진리에도 지지자는 반드시 있다. 이 진리를 위해 수고하고 고통 받고 심지어는 죽기도 할 것이다. 바로 이것이 진리의 힘이다.
> 이 진리가 언젠가는 실현될 수 있을까? 궁극적으로는 그렇다. 그러나 우리가 생존하는 동안 실현될지, 사람들이 우리를 기억할 수 있는 시간 안에 실현될지 누가 알 것인가?
> 궁핍과 비참, 무지와 야만이 정의롭지 못한 사회제도 때문에 생

긴다는 사실을 알고 힘이 자라는 데까지 이를 바로잡기 위해 노력하는 사람은 곧 실망과 쓰라림을 맛보게 된다. 이러한 현상은 과거에도 있었고 현재에도 있다. 그러나 정말로 쓰라린 것은 노력과 희생을 해보았자 희망도 결과도 없다는 생각이다. 심지어 매우 훌륭하고 용기 있는 인물도 이런 생각을 한다. 사실, 역사상 씨를 뿌린 사람 중에 그 씨가 자라는 것을 본 사람은 드물며, 그 씨가 도대체 자랄 수 있을지 확실히 안 사람도 드물다.

사실을 위장하지 말자. 이 세상에서 진리와 정의는 되풀이해서 세워져 왔다. 그러나 진리와 정의는 되풀이해서 무너지고 말았으며, 유혈사태가 일어난 경우도 많았다. 만일 진리에 반대하는 세력이 약하다면 어떻게 오류가 그토록 오랫동안 지배할 수 있을까? 정의의 여신이 고개를 들기만 해도 불의를 쫓을 수 있다면 압박 받는 사람들의 통곡이 왜 그토록 오래 그치지 않았을까? 그러나 진리를 알고 따르려는 사람이나 정의를 인식하고 이를 위해 일어서려는 사람에게는 성공이 유일한 목적은 아니다. 성공! 성공은 거짓으로 이루기도 하고 불의로 이루기도 한다. 진리와 정의는 본래의 권리로서 그 자신의 것인 ― 우연이 아니라 본질에 따라 자신의 것인 ― 그 무엇을 주지 않는가?

진리와 정의의 존귀함을 느껴 본 사람이면, 진리와 정의가 지금 이 자리에서도 무언가를 준다는 사실을 안다. (『진보와 빈곤』)

이 글에서 보듯이 헨리 조지 자신도 지공주의가 순탄하게 받아들여질 것으로 보지 않았다. 그러나 헨리 조지는 비관하지도 않았다. 고난을 무릅쓰고 정의를 세우려는 사람들이 반드시 나타날 것이라고 보았고 언젠가는 실현될 것으로 보았다. 또 개인 차원에서는 비록 당대에 성공을 거두지 못하더라도 정의를 위해 노력하는 것만으로도 인생을 바칠 만한 가치가 있다고 했다.

우리가 알고 있는 현실 사회는 원칙과 정의의 사회라기보다는 이해관계로 얽혀 있는 사회이다. 그러므로 이 책을 쓴 우리들도 사회의 기득권 세력의 이해관계에 어긋나는 지공주의가 쉽사리 받아들여질 것으로 기대하지 않는다. 그러나 우리나라는 대부분의 국민이 토지공개념에 찬성하는 유례없는 나라이자 토지공개념을 현실 정책으로 채택한 보기 드문 나라이다. 이 점에서 우리나라는 희망이 많다.

더구나 지공주의는 시장친화적이다. 과거 우리나라에 등장했던 토지공개념 정책 중에는 시장 기능과 어긋나는 내용도 있었기 때문에 시장주의자들의 비판을 받기도 했다. 그러나 지공주의는 시장원리에 충실할 뿐 아니라, 나아가서는 현실의 왜곡된 시장을 바로 잡는 효과까지 있다는 점에서 더 큰 기대를 걸어도 좋을 것이다.

2부

본문

Henry George

헨리 조지는 『진보와 빈곤』 말고도 수많은 저서, 연설문, 언론 기사들을 남겼다. 모든 저작에서 그는 일관된 사상을 보여주고 있다. 헨리 조지의 사상과 문체를 폭넓게 소개하기 위해 『진보와 빈곤』만이 아니라 여러 저술에서 대표적인 문장을 뽑아 주제별로 분류했다. 그리고 각 주제마다 제목을 붙이고 핵심 내용을 간략하게 해설했다. 원문을 번역할 때, 일반 저술은 평어체를 사용하고 연설문은 경어체를 사용했다.

문장의 출처를 발행된 순서로 정리하면 아래와 같다.

"모세Moses", 연설문, 1878.

『진보와 빈곤 Progress and Poverty』, 1879.

『토지문제 Land Question』, 1881.

『사회문제 Social Problems』, 1883.

"부정으로 귀결 Reduction to Iniquity: A Reply to the Duke of Argyil", 1884.

『보호무역과 자유무역 Protection or Free Trade』, 1885.

"빈곤이라는 범죄 Crime of Poverty", 연설문, 1885.

"도적질하지 말지니라 Thou Shalt Not Steal", 연설문, 1887.

『노동자의 상태 The Condition of Labor: An Open Letter to Pope Leo XIII』, 1891.

『갈피를 잃은 철학자 A Perplexed Philosopher』, 1892.

『정치경제학 The Science of Political Economy』, 1898(사후 출판).

1장

저자 서문

저자 서문*

　이 책에서 제시하는 견해의 핵심 내용은 1871년 샌프란시스코에서 발행한 팸플릿 「우리의 토지와 토지정책 Our Land and Land Policy」에서 간략하게 설명한 바 있다. 당시에는 내 견해를 가능한 빨리 상세하게 발표하려고 했으나 오랫동안 기회가 생기지 않았다. 그동안 내 견해가 진리임을 더욱 굳게 확신했고 그 관계를 더욱 완전하고 분명하게 파악했다. 또 이런 견해를 인정하는 데 장애가 되는 잘못된 관념과 그릇된 사고 습관이 많아서 전체를 새롭게 다룰 필요가 있음을 알게 되었다. (중략)

---

* 1879년 9월 초판을 펴낸 뒤 이듬해인 1880년 11월에 4판을 펴내면서 쓴 서문이다. 집필 의도와 저서 내용을 잘 요약하고 있다.

이 책에는 어느 정도 경제학 지식이 있는 사람이 더 잘 이해할 수 있는 부분도 있다. 그러나 이 책의 주장을 이해하거나 결론에 대해 판단을 내리는 데 사전 지식이 필요한 것은 아니다. 내가 설명하는 사실은 도서관에 가서 찾아야 나오는 종류가 아니다. 모든 독자가 스스로 검증할 수 있고 일상적으로 겪고 알고 있는 사실이며, 이런 사실로부터의 추론이 옳은지 아닌지도 독자가 판단할 수 있다.

먼저, 탐구의 배경을 이루는 사실을 간략히 살펴보는 데에서 시작한다. 그 다음에 생산력이 증가하는데도 임금은 겨우 생존을 이어나갈 최저 수준으로 낮아지는 이유에 대해 현재 정치경제학이라는 이름으로 제시되는 설명을 검토한다. 그 결과 지금의 임금학설은 잘못된 개념에 근거를 두고 있다는 점과, 임금은 그 대가인 노동에 따라 생산되고 다른 조건이 같다면 노동자 수가 증가하는 데 따라 임금도 같이 증가한다는 점을 입증한다.

다음에는 가장 중요한 경제이론의 기초이자 중심 학설인 동시에 모든 분야의 사상에 영향을 미치는 맬서스 학설을 — 인구가 생존물자보다 더 빨리 증가하는 경향이 있다고 하는 학설 — 다룬다. 맬서스 학설은 사실에서나 비유에서 진정한 증거가 없음을 보인 다음 결정적인 검증 방법을 통해 확실하게 부정한다.

여기까지의 탐구 결과는, 매우 중요하기는 하지만, 무언가를 부정하는 데 그친다. 현재의 이론이 물질적 진보에 빈곤이 연결되는 현상을 만족스럽게 설명하지 못한다는 점과 부의 분배를 지배하는 법칙에서 해결책을 찾아야 한다는 정도를 보여줄 뿐, 문제 그 자체에 빛을 비추지는 않았다. 그러므로 이제 이 작업을 할 차례다. 세 가지 분배 법칙은 상호 연관성이 있어야 하는데, 지금의 정치경제학에서는 그런 연관성이 없음을 미리 검토를 해서 확인한다. 본격적인 검토를 통해서는, 현재의 용어 사용에 사고의 혼란이 반영되어 있고 그로 인해 이런 괴리가 간과되고 있음을 보인다.

그 다음에는 분배의 법칙을 다룬다. 먼저 지대법칙을 대상으로 삼는다. 지금의 정치경제학도 지대법칙은 옳게 정립하고 있음을 쉽게 확인한다. 그러나 지대법칙의 완전한 의미를 제대로 이해하지 못하고 있다는 점과 그 파생 법칙으로서 ― 생산물 중에서 토지 소유자에게 돌아가는 몫이 정해지면 그 나머지가 노동과 자본에 돌아가기 때문에 ― 임금과 이자의 법칙이 나온다는 점을 밝힌다. 여기에 그치지 않고 이자법칙과 임금법칙을 독자적으로 이끌어낸다. 여기에서 잠시 중단해, 이자의 진정한 원인과 이자의 정당성을 밝히고, 많은 오해를 낳는 한 가지 원천을 ― 독점에 따른 이윤과 진정한 자본 소득과의 혼동을 ― 지적한다.

다음에는 본줄기로 돌아가서, 이자는 반드시 임금과 더불어 상승하고 하락하며, 궁극적으로 지대와 같은 원인에 따라 ― 즉 경작의 한계 또는 지대가 발생하기 시작하는 생산점에 따라 ― 결정됨을 밝힌다. 이와 유사한 그러나 독자적인 고찰을 통해 임금법칙을 연구해 역시 조화로운 결과를 이끌어낸다. 그리하여 상호 조화를 이루는 분배의 세 법칙을 정립하고, 어디에서나 물질적 진보와 더불어 지대가 상승하기 때문에 임금과 이자가 상승하지 못한다는 점을 밝힌다.

그 다음으로 왜 지대가 상승하는가라는 의문이 생기는데, 이를 위해서는 물질적 진보가 부의 분배에 미치는 효과를 분석할 필요가 있다. 물질적 진보의 요소를 인구 증가와 기술 개선으로 구분한다. 먼저 인구 증가는 경작의 한계를 낮출 뿐 아니라 인구 증가와 병행해 나타나는 경제성과 힘을 국지화함으로써 총생산물 중에서 지대로 돌아가는 부분을 크게 하고 임금과 이자로 돌아가는 부분을 작게 한다는 점을 보인다. 다음으로 인구 증가를 배제하더라도 생산 방법과 생산력이 개선되면 같은 결과가 생기며, 토지가 사유재산인 경우에는 인구가 정지해 있더라도 맬서스 학설에서 인구 압박에 원인이 있다고 하는 모든 효과가 발생한다는 점을 보인다. 그런 뒤에, 물질적 진보로 토지가치가 꾸준히 증가하는 효과는 투기적 상승으로 나타나고, 토지사유제에서는 토지가치의 투기적 상승이 — 이 원인은 파생적 원인이지만 — 가장 강력한 원인이 되어 지대를 올리고 임금을 떨어뜨림을 논증한다. 이 원인이 있으면 반드시 주기적 산업 불황이 발생한다는 점을 연역적으로 이끌어낸다. 귀납적으로 보더라도 이 결론이 증명된다. 이러한 분석을 통해 토지사유제에서 물질적 진보는, 인구 증가가 어느 정도이건 간에, 반드시 노동자의 임금이 생존을 겨우 유지할 수 있을 정도로 떨어지는 결과를 낳는다는 사실을 알게 된다.

빈곤이 진보와 병행하게 되는 원인이 이렇게 밝혀졌으므로 그 해결책도 분명하다. 그러나 이 해결책은 너무 급진적 해결책이기 때문에 다른 해결책은 없는가를 한번 살펴보는 것이 좋겠다. 완전히 다른 출발점에서 시작해, 노동 대중의 생활을 개선하기 위해 현재 주창되고 있거나 지지를 받고 있는 조치 내지 움직임을 검토한다. 그 결과, 토지 공유화 말고 어떤 방법도 영구적으로 빈곤을 제거하지 못하며, 임금이 기아점饑餓点(starvation point)으로 내려가는 경향을 막지 못한다는 앞서의 결론이 입증된다.

이제 정의에 관한 질문이 자연스럽게 제기되고, 윤리 측면에 대한 탐구로 들어간다. 재산권의 성격과 근거에 대한 검토에서, 노동의 생산물에 대한 재산권과 토지에 대한 재산권 사이에는 근본적이고 타협할 수 없는 차이가 존재한다는 사실,

자연적인 근거와 정당성이 앞의 재산권에는 있으나 뒤의 재산권에는 없다는 사실, 토지에 대한 배타적 재산권을 인정하면 필연적으로 노동의 생산물에 대한 재산권을 부정하고 만다는 사실을 설명한다. 또 토지사유제는 언제나 사회가 발전함에 따라 노동 계층의 노예화를 초래했고, 또 반드시 초래하고 만다는 사실도 설명한다. 또 사회가 토지재산권을 환수하더라도 토지 소유자는 보상을 요구할 정당한 근거가 없다는 사실도 설명한다. 또한 토지사유제는 인간의 자연스러운 인식에 전혀 부합하지 않으며, 미국에서도 이런 잘못된 파괴 원리를 채택함으로써 생기는 부작용이 감지되고 있다는 사실도 설명한다.

이어서 구체적인 실천 분야를 탐구한다. 토지사유제는 토지의 개량과 사용을 위해 필요하지 않고 오히려 장애가 되며 생산력을 엄청나게 낭비하게 만든다는 것을 보인다. 또 충격을 주지도 않고 소유를 빼앗지도 않는 가운데 토지에 대한 공동의 권리를 회복할 수 있으며, 토지가치에 대한 조세를 제외한 모든 조세를 없애는 단순하고도 쉬운 방법으로 이를 달성할 수 있음도 보인다. 그리고 조세의 원칙에 비추어 토지가치에 대한 조세가 모든 면에서 가장 훌륭한 조세임도 입증한다.

이러한 개혁은 생산을 엄청나게 늘리고, 분배의 정의를 보장하고, 모든 계층에 이익이 되고 더 높고 고상한 문명으로 나아갈 수 있게 하는 효과를 가져다준다는 점을 밝힌다.

이제 탐구는 더 넓은 분야로 상승해 또 다른 출발점에서 시작한다. 그 이유는 탐구를 통해 갖게 된 희망은 사회의 진보가 종種이 서서히 개선되어야만 가능하다는 통념과 서로 충돌하기 때문이다. 또 우리가 도달한 결론에서 이끌어낸 법칙은 — 그것이 진정한 법칙이라면 — 반드시 보편적인 역사와 일치해야 하기 때문이다. 그러므로 인간 진보의 법칙을 이끌어내 최종적인 검증으로 삼을 필요가 있다.

그러나 이 주제를 다루는 첫 단계부터 우리가 잘 알고 있는 여러 중요한 사실과 현재의 통설이 전혀 맞지 않는다는 것을 알게 된다. 탐구 결과, 문명의 차이는 개인의 차이에서가 아니라 사회조직의 차이에서 생긴다는 점, 진보는 언제나 어울림에 의해 촉발되었다가 언제나 불평등이 심해지면서 뒷걸음질한다는 점, 지금도 현대 문명 속에 과거의 모든 문명을 파괴했던 원인이 드러나기 시작한다는 점, 정치적 민주주의만으로는 무정부 상태와 전제정치로 빠지게 된다는 점이 나타난다. 그러나 사회생활의 법칙은 동시에 정의의 법칙이자 위대한 도덕법칙임을 밝히고, 앞에서의 결론을 증명한 뒤 어떻게 하면 퇴보를 막고 장엄하게 전진을 시작할 수 있는가를 보여준다. 이로써 탐구는 끝이 난다. 마지막 장은 자명한 내용으로서 언급하지 않겠다.

이 탐구가 갖는 커다란 의미가 앞으로 명백히 드러날 것이다. 이 내용을 주의 깊게 그리고 논리적으로 추구한다면, 그 결론은 정치경제학의 성격을 완전히 뒤바꾸어 진정한 과학으로서의 일관성과 확실성을 부여할 것이다. 또한 지금까지 따로 떨어져 있던 대중의 열망과 완벽하게 공감할 수 있다.

이 책에서 대상으로 삼은 큰 문제를 올바르게 해명했다면, 이 책에서 펼친 내 견해는 스미스 — 리카도 학파가 인식한 진리를 프루동 — 라쌀레 학파가 인식한 진리에 통합해주며, (진정한 의미의) 자유방임이 사회주의의 숭고한 꿈을 실현할 수 있는 길을 열어주며, 사회법칙이 도덕법칙과 일치함을 보여 주며, 여러 사람의 마음속에 있는 위대하고 고차원의 인식을 흐리게 하는 여러 관념이 틀린 것임을 증명해준다. (후략)
(『진보와 빈곤』)

2장

진보 속의 빈곤,
그 원인을 찾아서

진보 속의 빈곤*

 어느 사회에서나 물질적 진보가 이루어지면 빈곤과 그 부수적인 문제가 같이 나타난다. 이 엄청난 사실을 통해 우리는 진보가 일정한 단계에 이른 곳마다 존재하는 사회문제는 어느 지역의 특수한 사정에 기인하는 것이 아니라 어떤 식으로든 진보 그 자체에서 발생됨을 알 수 있다.

 인정하고 싶지 않은 사실이지만, 금세기에 들어 생산력이 엄청나게 증가했고 또 지금도 빠르게 증가하고 있는데도, 극심한 빈곤을 퇴치하거나 고통 받는 노동자의 짐을 덜어주는 경향은 보이지 않는다. 오히려 빈부격차를 더 심하게 하고 생

---

* 사회가 아주 빠르게 진보하는데도 빈곤이 사라지지 않고 오히려 빈부격차가 더 벌어지는 모순을 해결하기 위해 헨리 조지는 일생을 바쳤다.

존경쟁을 더 치열하게 만들고 있다. 꼬리를 이은 발명의 덕으로 인류는 한 세기 전에는 꿈도 꾸지 못한 힘을 가졌지만, 고도의 노동절약적 기계장치를 갖춘 공장에서 어린이들이 일에 시달리고 있다. 새로운 힘이 만개한 사회에서 대중은 자선에 의지해서 살아가거나 그 한계선상에 있다. 한편에서는 거대한 부를 축적하고 있는데 여전히 굶주리는 사람들이 있으며, 갓난아이들은 나오지도 않는 엄마 젖을 빨고 있다. 어느 곳에서나 재산을 탐내고 부를 숭상하는 것을 볼 때 궁핍을 몹시 두려워하는 것을 알 수 있다. 약속의 땅은 신기루처럼 우리 앞에서 날아가 버린다. 지식나무의 열매도 손대면 부스러지는 소돔의 사과(apples of Sodom)[1]처럼 우리가 얻는 순간 변질된다.

부가 엄청나게 증대된 것도 사실이고 평균적으로 보아 더 안락해지고 여가도 많아지고 교양이 향상된 것도 사실이지만 이러한 개선이 일반화되지 못했다. 사회의 최하층은 개선의 혜택을 누리지 못하고 있다. 최하층의 상태가 어느 곳에서나 어느 면에서나 전혀 개선된 점이 없다는 뜻이 아니라, 생산력 증가에 따른 개선은 어느 곳 어느 면에도 없다는 뜻이다. 이른바 물질적 진보라고 하는 추세는 건강하고 행복한 인생의 필수 요소를 기준으로 볼 때, 최하층의 상태를 개선해 주지 못한다. 아니 실제로는 최하층의 상태를 오히려 압박한다. 새로운 힘은 기본적으로 사회를 향상하게 하는 효과가 있지만, 오랫동안 품어온 희망과 믿음과는 달리 사회구조의 밑바닥에서부터 작용하지 않고 상층과 하층의 중간 어느 지점에 작용한다. 마치 커다란 쐐기가 사회의 밑바닥이 아니라 그 한가운데를 관통하는 것과 같다. 그리하여 분리점의 상층에 있는 사람들은 향상되지만 하층에 있는 사람들은 부서지고 만다. (『진보와 빈곤』)

미개 부족의 경우, 노동생산물 총량은 얼마 되지 않지만 각자 독립 생활을 해나갈 능력이 있다. 각자 자신이 살 집을 지을 수 있고, 나무나 가죽으로 카누를 만들 수 있고, 옷을 만들 수 있고, 무기나 덫이나 도구나 장식품을 만들 수 있다. 누구나 자기 부족이 알고 있는 자연에 대한 모든 지식을 안다. 예를 들면, 먹을 수 있는 식물은 무엇이며 어디에 가면 캘 수 있는지를 안다. 짐승, 새, 물고기, 곤충이 서식하는 방식과 장소를 안다. 해와 별 또는 꽃의 방향과 나무에 붙은 이끼를 보고 길을 찾아갈 수 있다. 즉 모든 필요한 물자를 스스로 조달할 수 있다. 자기 부족에서 떨어져 나와도 살아 나갈 수 있다. 그리하여 자신이 속한 공동체와의 관계에서 자유로운 계약 당사자가 될 수 있다.

이 미개인과 문명사회의 최하층 노동자와 비교해 보라. 사회의 부 가운데에는 인간의 아주 기본적인 욕구를 만족시키는 데 필요한 물자도 많다. 그런데 노동자는 이 가운데 한 가지 물자 내지 그 물자의 아주 작은 한 부분을 생산하면서 산다. 노동자는 자기가 일하는 데 필요한 도구조차 만들 수 없으며, 자신이 소유하지도 않고 또 소유할 능력도 없는 도구로 일을 한다. 노동자는 미개인보다 더 오랜 시간 힘들게 일을 하지만 미개인이 얻는 단순한 생활필수품 이상을 얻지 못한다. 그러면서도 미개인이 누리는 독립성을 잃고 산다. 자신의 힘으로 욕구를 직접 충족하지도 못하고, 다른 사람이 동시에 일해주지 않으면 간접적으로 충족하지도 못한다. 이 노동자는 생산자와 소비자로 구성된 거대한 고리의 연결 부분에 불과해 자신을 분리할 수 없다. 다른 사람이 움직이지 않으면 혼자서 움직일 수도 없다. 사회 속의 지위가 낮을수록 사회에 더 의존하게 되고 무엇이든 혼자 힘으로 처리할 수 있는 능력이 아주 줄어든다. 자신의 욕구를 충족하기 위해 노동을 하는 힘조차 자신의 통제 밖에 있다. 다른 사람의 행동에 따라서 또는 자신이 영향력을 미칠 수 없는 — 마치 태양계에 영향력을 미칠 수 없듯이 — 어떤 일반적인 원인 때문에 힘을 빼앗기기도 하고 회복하기도 한다.

그런데 이와 같은 원초적 저주를 은혜처럼 생각하는 시대가 되었다. 사람들은 단순한 육체노동이 그 자체로 악이 아니라 선인 양 그리고 수단이 아니라 목적인 양 생각하고 말하고 주장하고 법제화한다. 이러한 상황에서 노동자는 인간성의 본질적인 요소, 즉 신처럼 환경을 변화시키고 통제하는 능력을 잃고 만다. 노동자는 노예나 기계나 상품이 되어 버리고, 어떤 점에서는 동물보다도 못한 존재가 되고 만다.

 나는 미개 상태를 감상에 젖어 동경하는 사람이 아니다. 루소Jean J. Rousseau(1712~1778)[2], 샤토브리앙François R. Chateaubriand(1768~1848)[3], 쿠퍼Thomas Cooper(1759~1840)[4]의 자연사상을 순진한 어린이처럼 추종하는 것도 아니다. 나는 자연 상태가 지능과 물질이 빈곤하며, 그 생활이 저급하고 협소하다는 것을 안다. 문명은 인간의 자연스러운 운명이며, 인간의 모든 힘이 해방되고 고양되고 세련된 상태라고 믿는다. 문명의 혜택을 자유롭게 이용할 수 있는 처지에서 미개 상태를 그리면서 아쉬워할 수도 있지만, 이는 인간이 반추동물을 선망하는 것과 같다고 할 수 있다. 그러나 현실을 똑바로 보는 사람이라면 우리 문명의 핵심에는 아무리 미개인이라도 자기 처지와 바꾸고 싶어하지 않을 계층이 널리 존재한다는 결론을 내릴 것이다. 테라델푸에고Terra del Fuego[5]의 토인, 호주의 흑인, 북극의 에스키모, 고도로 문명화된 영국의 최하층 중에서 하나를 고른다면, 앞의 세 미개인의 운명 중에 하나를 선택하는 것이 훨씬 나을 것이라고 나는 생각한다. 부의 한 가운데서 빈곤한 계층은 미개인이 누리는 인간다운 자유도 없이 빈곤하기만 하기 때문이다. 미개인보다 오히려 더 협소하고 왜소한 생활을 하면서 하늘이 내린 능력을 성장시킬 기회도 없기 때문이다. 미개인보다 더 넓은 세상에 산다고 하지만 이는 누리지 못할 축복에 불과하기 때문이다.(『진보와 빈곤』)

빈곤은 사회제도 탓*

물질적 진보 자체는 나쁜 것이 아니다. 자연이 먹여 살리지 못할 아이를 탄생시키는 것도 아니다. 물질적 진보가 쓰디쓴 열매를 낳는 것이 창조주가 인간의 마음으로도 승복할 수 없는 정의롭지 못한 오점을 자연법에 남겼기 때문이 아니다. 우리의 고도 문명 속에서 결핍 때문에 인간이 쓰러지고 죽어가는 것은 자연의 인색함이 아니라 인간의 부정의 때문이다. 죄악과 비참, 빈곤과 궁핍은 인구 증가와 산업 발전의 당연한 결과가 아니다. 이런 결과가 인구 증가와 산업 발전에 뒤따르는 이유는 토지가 사유재산으로 인정되기 때문이다. 자연이

---

* 빈곤을 숙명처럼 받아들이는 기존 이론. 특히 인구가 많아서 가난하다는 주장은 옳지 않다. 빈곤은 잘못된 분배의 결과이므로 사회제도를 고치면 해결할 수 있다.

모든 인간을 위해 제공하는 것을 일부가 배타적으로 보유함으로써 최고 정의의 법칙을 위반하기 때문에 생기는 결과라는 말이다. (『진보와 빈곤』)

우리가 빈곤에 너무 익숙하다 보니 최고로 발전한 나라에서조차 수많은 사람의 빈곤을 그저 팔자라고 생각한다. 오늘날과 같이 고도로 발달한 문명 속에서도 건강하게 생활하기 위한 필수품을 구하지 못하는 사람과, 힘들게 일해도 입에 겨우 풀칠이나 하는 사람이 많은 것을 당연하게 생각한다. 정치경제학 교수들은 이런 현상이 사회법칙의 결과이므로 불평할 이유가 없다고 가르친다! 성직자들은 이런 현상이 전지전능한 창조주가 하나님의 자녀에게 의도하신 삶의 모습이라고 설교한다! 만일 관중의 10분의 1이 제대로 구경을 못하게 극장을 설계하는 사람이 있다면 우리는 그를 엉터리라고 부른다. 만일 잔치를 치르면서 손님의 10분의 9에게 대접을 하지 못할 정도로 음식을 적게 준비하는 사람이 있다면 우리는 그를 바보 또는 그보다 더 심한 말로 부른다. 그러나 우리는 빈곤에 너무 익숙하기 때문에 기독교리를 설교하는 성직자마저 우주의 위대한 설계자께서, 오묘한 자연을 만드는 능력을 갖추신 그분께서, 이 세상을 이처럼 볼품없이 만들었으며 그로 인해 그분의 피조물인 대다수의 인간이 결핍과 고통과 잔인한 노동에 시달리면서 정신력의 발전을 위한 기회를 갖지 못하고, 그래서 전 생애를 단순한 생존을 위해 바쳐야 하는 존재로 운명 지워졌다고 한다! (『사회문제』)

생명은 생명 유지에 필요한 힘을 소진하지 않는다. 우리는 아무것도 갖지 않은 채 우주에 태어났고, 우리가 떠날 때도 아무것도 가지고 가지 않는다. 인간은, 육체만을 본다면 물질이 일시적으로 취하는 한 형태이며, 운동이 변화하는 한 방식이다. 물질은 남고 힘은 지속된다. 줄어든 것도 없고 약해진 것도 없다. 이런 관계로 인구에 대한 지구의 한계는 공간의 한계뿐이다. (『진보와 빈곤』)

생존물자를 제공하는 동식물이 여러 배로, 때로는 수천 배, 수만 배, 수억 배로 불어난다면, 고작 배수로 불어나는 인구가 최대한 증가하더라도 인구 증가는 생존물자 증가를 넘어설 수 없다고 해야 하지 않는가? 동식물계에서 각 종은 재생산력을 통해 증식의 한계가 되는 조건에 자연적, 필연적으로 압박을 한다. 하지만 이런 조건은 어디에서도 고정되어 있지도 않고 최종적인 것도 아니라는 점을 생각해 보면, 이 점이 명백하다. 어느 종도 토양, 물, 공기, 햇빛의 궁극적 한계에 도달하지 않는다. 각 종의 실제적 한계는 다른 종이 경쟁자로서, 적으로서, 먹이로서 존재한다는 데 있다. 그리하여 인간은 자신의 생존물자가 되는 종의 생존을 제약하는 조건을 완화할 수 있고 — 어떤 경우에는 단순히 인간이 존재하는 것만으로도 완화가 가능하다 — 따라서 인간에게 필요물자를 공급하는 종의 재생산력은 종전의 한계에 부딪쳐 맥을 못 추는 것이 아니라 인간의 증식력이 따라 잡을 수 없는 속도로 불어나 인간에게 도움을 주게 된다. 인간이 매를 사냥하면 다른 새가 늘어나고, 덫을 놓아 여우를 잡으면 산토끼가 늘어나고, 개척자가 가는 곳에 꿀벌도 따라 가고, 인간이 사는 곳에서 생기는 유기물이 강으로 들어가서 물고기가 먹고산다. (『진보와 빈곤』)

사람 아닌 곰이 유럽에서 북아메리카 대륙으로 건너왔다고 해도 현재 곰의 숫자는 콜럼버스가 대륙을 발견했을 때보다 더 많지 않을 것이다. 아니, 오히려 더 적을지도 모른다. 왜냐하면 곰이 건너왔다고 해서 곰의 먹이가 더 늘어나지도 않았을 것이고, 또 곰의 생활 조건이 더 개선되지도 않았을 것이다. 오히려 그 반대일 가능성이 더 크기 때문이다. 그러나 사람의 경우, 미국에 국한해서 말하면 과거 수십만에 불과했던 인구가 현재 4천5백만 명으로 늘어났으나 1인당 식품의 양은 과거보다 훨씬 늘어났다. 이로써 식품 증가가 인구 증가의 원인이 아니라 반대로 인구 증가가 식품 증가의 원인임을 알 수 있다. 즉 인구가 늘어났기 때문에 식품이 늘어난 것이다. (『진보와 빈곤』)

자연이 척박한 곳에서 20명이 일하면, 자연이 풍요로운 곳에서 한 사람이 생산하는 부의 20배보다 더 많이 생산한다. 인구가 조밀할수록 노동의 분업이 더 세밀하게 이루어지고 생산과 분배의 경제성이 더 높아진다. 즉 맬서스Thomas R. Malthus(1766~1834)[6]의 학설과는 정반대가 된다는 것이다. 우리가 상식으로 상상할 수 있는 범위 안에서 인구가 증가한다면, 문명 상태가 일정할 때 많은 인구는 적은 인구보다 부의 상대적 생산량도 많고 필요물자를 조달하기도 쉽다. (『진보와 빈곤』)

토지, 노동, 자본, 부*

정치경제학에서 토지라는 용어는 생산에서의 자연적이고 수동적 요소, 인간이 접근할 수 있는 모든 외부 세계를 의미하며 힘, 질, 산출물을 포함한다. 그러나 일시적으로 인간의 신체를 구성하거나 인간의 생산물의 일부가 되어 인간 및 부의 범주에 속하는 것은 — 이것도 시간이 지나면 다시 토지의 범주 속으로 되돌아가게 되지만 — 제외된다. (『정치경제학』)

토지는 생산에서 수동적인 요소라는 점을 염두에 두어야 한다. (중략) 토지는 행동하지 못하며, 사람이 토지에서 행동

---

* 헨리 조지는 올바른 사고를 하려면 용어를 정확하게 정의하고 일관되게 사용해야 한다는 점을 강조한다. 여기에서는 토지, 노동, 자본, 부에 대한 헨리 조지의 정의를 살펴보자.

할 뿐이다. (중략) 이 점은 토지라는 용어로 토지 소유자를 상징적으로 나타낸다고 해도 동일하다. (중략) 토지 소유자라는 사람도 물론 자신의 노동이나 자본으로 생산에 기여할 수 있다. 그러나 토지 소유자이기 때문에 기여한다거나 토지 소유권을 통해 기여한다고 누가 생각한다면, 마치 자신이 달을 소유하기 때문에 달빛이 환하다고 믿는 것처럼 웃기는 일이다. (『정치경제학』)

노동이라는 용어는 부를 생산할 때 사람이 하는 모든 형태의 노력을 포함한다. 일상에서 머리노동과 손노동이 완전히 별개인 것처럼 이야기하기도 하고, 노동이란 말이 근육을 쓰는 일만을 의미하기도 한다. 그러나 실제로 모든 형태의 노동은, 즉 사람이 부를 생산할 때 가축이 할 수 있는 수준 이상으로 하는 모든 노력에는 인간의 손만이 아니라 머리도 쓰인다. 이런 일은 노동자의 지능을 사용하지 않으면 불가능하다. 사실 노동은 겉으로 보면 육체적인 것이지만 내면으로 보면 지적이며, 엄격히 보면 정신적이다. (『정치경제학』)

학자, 철학자, 교사, 예술가, 시인, 성직자는 부를 생산하지는 않지만 부를 생산하는 목적이 되는 효용과 만족을 생산한다. 그뿐 아니라 지식을 획득하고 전파하며 정신력을 자극하고 도덕심을 높임으로써 부의 생산 능력을 크게 향상시킬 수 있다. 인간은 빵만으로 살 수 없기 때문이다. 인간은 연료만 부으면 그만큼 동력을 내는 엔진이 아니다. 고된 일을 하는 선원에게는 좋은 노래가 근육과 같으며, 훌륭한 군가는 전투에서 총검과 같은 작용을 한다. 기분 좋은 웃음, 고귀한 생각, 조화에 대한 인식은 물질을 다루는 능력을 향상시킬 수 있다.

심신의 노력을 통해 부의 총량을 증가시키거나 인간의 지식을 늘리거나 인간의 삶을 더 높이 더 충실하게 만드는 사람은 누구나 넓은 의미의 생산자요, 일하는 자요, 노동자이며, 임금을 정직하게 버는 사람이다. 그러나 인류를 부유하게, 현명하게, 선량하게, 행복하게 하는 데 아무런 기여도 하지 않고 다른 사람의 노력에 기생하는 자는, 어떤 훌륭한 호칭으로 부르든 또 금전숭배자들이 이런 자를 아무리 귀하게 여기든 간에 궁극적으로 거지이고 도둑일 뿐이다. (『보호무역과 자유무역』)

자본은 더 많은 부를 얻기 위해 사용되는 부이다. 따라서 욕구를 직접 만족시키기 위해 사용되는 부와 구별된다. 혹은 자본은 교환 과정에 있는 부라고 정의할 수도 있다고 본다. 그러므로 자본은 부를 생산하는 노동의 힘을 다음과 같은 방법으로 증대한다.

(1) 노동의 능률을 높인다. 예를 들면 손 대신에 삽을 사용해 조개를 더 쉽게 잡는 경우, 노를 젓는 대신 기관에 석탄을 때어 배를 움직이는 경우.

(2) 노동이 자연의 재생산력을 이용할 수 있도록 해준다. 예를 들면 씨를 심어 더 많은 옥수수를 수확하거나 가축을 길러 수를 늘리는 경우.

(3) 분업을 가능하게 해준다. 분업을 하면 한편으로는 개인의 특별한 능력을 활용하고, 기술을 습득하고, 낭비를 줄여 인적 생산요소의 능률이 높아진다. 다른 한편으로는 다양한 토양, 기후, 입지의 이점을 살려서 자연조건에 가장 적합한 부를 생산함으로써 자연적 생산요소를 최대로 이용할 수 있다.

통설과 달리, 자본은 노동에 의해 부로 전환되는 원료를 공급하지 않는다. 부의 원료는 자연이 공급한다. 그러나 일부 가공된 원료와 교환 과정에 있는 원료는 자본이다. (『진보와 빈곤』)

자본은 노동을 지원하기 위해 생산에 투입되는 부라는 점에서 그 자체는 독자적인 생산요소가 아니며 일차적인 생산요소도 아니다. 자본이 없어도 생산이 가능하며, 또 자본이 존재하려면 그 이전에 자본 없는 생산이 반드시 선행되어야 한다. 즉 자본이 앞서 존재할 수는 없다는 것이다. 자본은 이차적이고 복합적인 생산요소로서 부의 생산 과정에서 노동과 토지가 결합한 이후에 그리고 그런 결합의 결과로 생긴다. 자본은 본질적으로 노동이며, 토지와 이차적으로 결합해 큰 힘을 발휘하는 노동이라고 할 수 있다. 그러나 문명생활에서는 아주 필요하고 또 중요하기 때문에 정치경제학에서 제3의 생산요소로 인정을 받는 것이다. (『정치경제학』)

자본 그 자체는 아무 일도 하지 못한다. 자본은 언제나 부차적일 뿐 주동적인 생산요소가 되지 못한다. 주동적인 생산요소는 언제나 노동이다. 부를 생산할 때 언제나 노동이 자본을 사용하며, 자본이 노동을 사용하는 것이 아니다. 이 점은 자본이 물자로서의 자본을 의미할 때만 옳을 뿐 아니라, 의인화해 자본을 소유하는 사람을 의미할 때도 역시 옳다. 순수한 자본가, 즉 자본을 소유하는 사람은 노동이 생산하는 것을 지원하는 힘을 가지고 있지만 순수한 자본가로서 이 힘을 행사할 수는 없다. 이 힘은 오로지 노동을 통해서만 행사할 수 있다. 이 힘을 행사하기 위해서는 스스로 최소한의 노동 기능을 수행하거나 그런 기능을 수행할 사람에게 일정한 조건을 걸고 자기의 자본을 맡겨야 한다. (『정치경제학』)

정부 공채는 자본이 아니며 자본을 대표하지도 않는다. 정부가 공채로 조성한 자본이 비생산적으로 소모되어 버렸다고 가정해 보자. 예를 들어 대포의 화염으로 사라졌고, 전함으로 소비되었고, 행진, 제식훈련, 살상, 파괴를 하는 군인을 유지하기 위해 지출되었다고 하자. 공채는 이미 파괴된 자본을 대표할 수 없다. 이런 공채는 자본을 전혀 대표하지 않는다. 공채는 정부가 어느 시기에 가서 국민이 당시에 축적한 것 중에서 조세로 징수해 공채 금액만큼 변제한다. 또한 공채는 변제기까지 공채 금액에 해당하는 자본을 실제로 소유한다고 할 때, 일정 기간이 지난 뒤에 얻을 수 있는 증가분에 대해서도 마찬가지 방법으로 재원을 조달해 수시로 보상한다는 엄숙한 선언일 뿐이다. 현대 국가에서 국민의 생산물 중에서 엄청난 액수를 떼어 정부 부채에 대한 이자로 지불하고 있는데, 이것은 자본이 생산한 것도 아니고 자본의 증가분도 아니다. 이것은 엄격한 의미에서 이자가 아니고 노동과 자본의 생산물에 부과하는 조세라고 할 수 있으며, 그로 인해 임금도 줄고 진정한 의미의 이자도 줄어든다. (『진보와 빈곤』)

사회의 부가 증가했다고 할 경우에 토지가 더 많아졌다거나 토지의 자연력이 더 커졌다거나, 인구가 많아졌다거나 사회구성원 상호 간의 부채가 증가했다는 것을 의미하지 않는다. 사회의 부가 증가한다고 하면 유형적인 물자나 상대적인 가치가 아니라 실질적 가치가 있는 물자가 증가했음을 의미한다. 예를 들면 건물, 가축, 도구, 기계, 농업이나 광업의 생산물, 공산품, 선박, 마차, 가구 따위가 이런 것이다. 이러한 물자에 공통된 점은 이들이 인간이 사용하거나 만족하기 위해 인간의 노동으로 변형된 자연물 또는 생산물로서 그 가치는 그런 물자를 생산하는 데 평균적으로 필요한 노동량에 따라 결정된다는 점이다. (『진보와 빈곤』)

부는 노동의 유일한 목적이 아니다. 노동이 인간의 욕구를 직접 만족시키는 경우도 있기 때문이다. 그러나 이른바 생산적 노동, 즉 원료에 가치를 부여하는 노동에서는 부가 목적이자 결과이다. 자연은 인간의 노동 없이 부가 될 수 없으며, 노동을 하더라도 욕구를 만족시키는 힘을 갖는 유형적인 생산물이 나오지 않으면 부가 되지 않는다. (『진보와 빈곤』)

축적된 부라는 개념에 대해 잠시 검토하는 것이 좋겠다. 사실 부가 축적될 수 있는 양은 아주 조금밖에 안 되며, 사회도 대부분의 개인과 마찬가지로 손에서 입으로 먹고산다. 몇 가지 사소한 형태를 제외하면 부를 많이 축적할 수 없다. 우주의 물질은 노동에 따라 원하는 형태로 변했다가 끊임없이 원래 상태로 되돌아가는 경향이 있다. 어떤 형태의 부는 몇 시간, 어떤 것은 며칠, 어떤 것은 몇 달, 어떤 것은 몇 년 지속되기도 한다. 그러나 한 세대에서 다음 세대로 이어지는 형태의 부는 드물다. 매우 유용하고 수명이 긴 형태, 예를 들어 선박, 가옥, 철도, 기계류 따위의 부를 보더라도 노동을 통해 계속 보수하지 않으면 얼마 안 가서 못 쓰게 된다. 어느 사회에 노동이 중단되면, 마치 분수로 흘러가는 물을 잠그는 것처럼 부가 사라지고 말 것이다. 노동이 다시 시작되면 부는 금방 되살아난다. 축적된 부가 사회 유기체에 대해 하는 역할은 축적된 영양이 신체 유기체에 대해 하는 역할과 같다. 얼마간 축적된 부는 필요하며, 긴급 상황에 이것을 사용할 수 있다. 그러나 과거 세대가 만든 부는 현재 세대의 소비를 감당할 수 없다. 마치 작년에 먹은 음식이 현재 힘을 공급하지 않는 것과 같다. (『진보와 빈곤』)

나는 타자기에서 몸을 일으켜 창문으로 가서 아무리 보아도 질리지 않는 멋진 경치를 바라본다. "무엇이 보입니까?" 일상의 대화에서 이런 질문을 받는다면 나는 물론 이렇게 대답했을 것이다. "땅과 물과 하늘, 배와 집, 옅은 구름, 나지막한 언덕 너머로 지고 있는 해를 바라봅니다."

그러나 정치경제학 용어에 대한 질문이라면 이렇게 대답

해야 한다. "토지와 부가 보입니다." 토지란 자연적 생산요소이고, 부는 인적 생산요소인 노동을 통해 자연적 생산요소를 인간의 욕구 충족에 적합하도록 변화시킨 것이다. 사람이 태어나기 전부터 존재했고 사람이 죽은 뒤에도 남아 있을 이 경치는 경제적인 범주로 보면 토지에 속한다. 노동이 생산한 것은 인간의 욕구를 만족시킬 수 있는 것이라면 경제적으로 부의 범주에 속한다.

그러나 창문 밖으로 보이는 이 해변에는 직사각형의 땅이 있는데, 분명히 바위와 흙으로 바다를 메워 만든 땅이다. 이것은 무엇인가? 일상 대화에서는 이것은 수면과 구분되는 토지이며 "인공 토지"라고 불러 그 생성 경위를 나타낼 수 있다. 그러나 정치경제학의 범주에는 "인공 토지"라는 용어는 설 자리가 없다. 토지라는 용어는 오로지 순전히 자연에서 나오는 생산력만을 뜻하므로 사람이 만든 것은 제외된다. 토지에 노동을 가해 만든 것은 무엇이나 부이다. 해수면 위로 솟은 이 직사각형의 땅은 돌과 흙을 채워서 만든 것으로 토지가 아니라 부이다. (『정치경제학』)

지대, 임금, 이자, 이윤*

 어느 토지의 지대는, 노동과 자본을 동일하게 투입해서 사용 토지 중 생산성이 가장 낮은 토지에서 얻을 수 있는 정도를 초과하는 생산물에 따라 결정된다. 이 법칙은 농업 이외의 용도로 사용하는 토지와 광업이나 어업의 경우와 같은 다른 자연요소에도 적용된다. 리카도 이래 모든 저명한 경제학자들이 이 법칙에 대해 길게 설명하고 예증했다. 그러나 문장 자체만 보더라도 자명한 명제로서의 힘이 담겨 있다. 경쟁의 효과로 인해 노동과 자본이 생산에 참여하기 위해 받아야 할 대가의 최저액이 바로 노동과 자본이 받을 수 있는 최고액과

---

* 생산요소인 토지, 노동, 자본에 대한 대가인 지대, 임금, 이자를 정의한다. 이윤은 분배의 한 요소가 될 수 없다.

일치하기 때문이다. 그 결과 생산성이 높은 토지를 소유한 사람은 임금과 자본에 대한 통상적인 보상에 필요한 정도를 초과하는 모든 생산물을 지대로 징수할 수 있다. 이때 통상적인 보상이란, 사용 토지 중 생산성이 가장 낮은 토지에서 ─ 이 토지에서는 물론 지대가 발생하지 않음 ─ 노동과 자본이 얻을 수 있는 정도의 보상을 말한다.

지대법칙을 다음과 같이 표현하면 이해하기 더 쉬울지 모르겠다. 어느 자연적 생산요소의 소유권은 노동과 자본을 자연적 생산요소에 투입할 때 나오는 부 중에서 자유롭게 (무상으로) 종사할 수 있는 최저 생산 업종에 동일한 노동과 자본을 투입할 때 얻을 수 있는 대가를 초과하는 부를 차지할 수 있는 힘을 소유자에게 준다. 어떻게 표현하든 결과는 마찬가지이다. 왜냐하면 토지를 사용하지 않고 노동과 자본을 투입할 수 있는 업종은 없기 때문이다. 또한 경작 등 토지 사용은 언제나 그 수입이 최소가 될 상태까지, 즉 어느 용도로 사용한다고 하더라도 그 사용 대가가 발생하지 않을 상태까지 이루어지기 때문이다. (『진보와 빈곤』)

노동과 자본을 투입해 어떤 생산을 하건 이 두 요소가 임금과 이자로 받는 대가는 지대를 지불하지 않고 사용할 수 있는 토지에서 ─ 즉 사용되는 토지 중 최저 생산 토지 또는 최저 생산점에서 ― 얻을 수 있는 생산물에 국한되기 때문에 지대법칙은 필연적으로 임금과 이자의 법칙을 포괄하게 된다. (『진보와 빈곤』)

부를 생산하기 위해 사람이 하는 모든 노력을 노동이라 한다. 임금은 생산물 중 노동에 돌아가는 부분으로서 사람의 노력에 대한 모든 대가를 포함한다. 그러므로 정치경제학에서 임금이라는 용어는 노동의 종류나 고용주를 통해서 받느냐의 여부와 관계없이 사용된다. 즉 임금은 노동의 대가이며, 자본 사용의 대가나 토지 사용의 대가와 구별된다. (『진보와 빈곤』)

노동은 항상 임금에 선행한다. 이것은 자가노동을 하고 직접 임금을 갖든지 고용주에게서 임금을 받든지 보편 진리이다. 그 어느 경우에도 일이 있어야 대가가 있다. 임금이 일당이건 주급이건 월급이건 연봉이건 간에, 또 완제품이 아닌 부품을 생산한다고 하더라도 노동자가 고용주의 이익을 위해 먼저 노동을 제공했기 때문에 고용주가 임금을 지급하는 것이다. 간혹 개인 서비스에 대한 보수가 서비스에 앞서 미리 지급되는 경우도 있지만, 이것은 자선이거나 보증금이라고 할 수 있다. (『진보와 빈곤』)

인간 행동의 기본 원리는 최소의 노력으로 욕구를 충족하려고 한다는 것이다. 이 원리가 정치경제학에서 갖는 뜻은 물리학에서 중력의 법칙이 갖는 뜻과 같다. 이 원리와 자유의 조건 아래에서 타인을 고용하려면 임금을 얼마나 지불해야 할까? 분명히 그 임금은 노동자가 자가노동을 할 때의 소득과 같을 것이다. 고용주가 노동자에게 자가노동의 소득 이상을 지불할 리가 없고 ― 때로는 노동자에게 작업 전환에 드는 비용을 별도로 지불할 수는 있겠지만 ― 노동자도 그 이하를 받을 리가 없다. 어느 노동자가 이보다 더 많은 것을 요구한다면 경쟁을 통해 다른 사람을 고용한다. 고용주가 이보다 더 낮은 임금을 제시한다면 노동자는 자가노동을 하는 것이 더 유리하므로 아무도 응하지 않을 것이다. 이와 같이 고용주가 아무리 적게 주려고 해도 또 노동자가 아무리 많이 받으려고 해도 임금은 자가노동의 가치에 따라 정해진다. 일시적으로 임금이 이 수준을 초과하거나 미달한다고 해도 그 수준으로 복귀하려는 경향이 곧 발생한다. (『진보와 빈곤』)

여러 직업 간의 임금 차이는 각 직업의 상대적 수준을 결정하는 사정의 변화에 따라 달라질 수 있지만, 어떤 직업의 임금이든 궁극적으로는 가장 낮고 가장 넓은 직업층의 임금에 의존한다는 사실은 분명하다. 이 직업층의 임금률이 상승하거나 하락하는 데 따라 일반적인 임금률이 상승하거나 하락한다는 것이다.

모든 임금의 기초가 되는 이 일차적이고 기본적인 직업은 자연에서 부를 직접 획득하는 직업이다. 따라서 이 직업에서의 임금법칙은 임금의 일반법칙이 된다. 그리고 이 직업에서의 임금은 노동이 관습적으로 투입되는 자연 중 생산력이 가장 낮은 자연에서 노동이 생산할 수 있는 양에 따라 정해진다. 따라서 임금은 일반적으로 경작의 한계, 좀 더 정확하게 표현하자면 지대를 지불하지 않고 노동을 자유롭게 투입할 수 있는 자연의 최고 생산점에 의존한다. (『진보와 빈곤』)

부의 분배에서 추상 용어로서의 이자는 자본 사용에 대한 모든 대가를 포함하며, 차용자가 대여자에게 지불하는 것에 국한되지 않는다. 또 위험부담에 대한 보상은 (일상 용어로서의 이자의 상당 부분이 여기에 해당되지만) 제외된다. 위험부담에 대한 보상은 여러 분야의 자본을 사용하는 대가를 균등하게 하는 작용을 할 뿐이다. (『진보와 빈곤』)

이윤은 우리의 탐구와 분명히 무관하다. 우리는 총생산이 토지, 노동, 자본의 대가로 나누어지는 원리를 찾으려고 한다. 그런데 이윤이라고 하는 어휘는 이 세 부분 중 어느 하나에만 국한되지 않는다. 정치경제학에서 말하는 이윤은 위험부담에 대한 보상, 기업관리에 대한 임금, 자본 사용에 대한 대가라는 세 부분으로 구성된다. 이 셋째 부분은 자본 사용의 대가는 모두 포함하지만 그 밖의 것은 전혀 포함하지 않는 이자의 범주에 속한다. 기업관리에 대한 임금은 인간의 노력에 대한 대가는 모두 포함하지만 그 밖의 것은 포함하지 않는 임금의 범주에 속한다. 위험부담에 대한 보상은 어디에도 들어갈 곳이 없다. 사회의 모든 거래를 종합해 보면 위험부담이란 존재하지 않기 때문이다. (『진보와 빈곤』)

생산과 분배*

생산이라는 용어를 경제학의 의미로 보면 일차적인 채취자나 제조자만이 아니라 수송자, 교환자 그 밖에 이와 유사한 기능을 하는 업종에 종사하는 사람은 모두 생산자다. 예를 들어 신문배달원이나 신문판매대 주인은 보통 분배자라고 하지만, 경제학 용어로는 부의 분배자가 아니라 생산자다. 신문이 가장 마지막으로 독자에게 전달되는 생산과정에서 이런 사람의 역할은 처음이 아니라 맨 나중이다. 하지만 이런 사람도 종이 제조자, 활자 제조자, 편집자, 인쇄 종사자와 같은 생산자이다. 생산의 목적은 욕구의 충족, 즉 소비에 있는데 부

---

* 생산에는 채취, 제조 외에 수송, 교환도 포함된다. 생산과 분배는 별개가 아니며, 생산의 법칙과 분배의 법칙은 둘 다 자연법칙이다.

가 소비 위치에 배달되어 욕구 충족 대상자의 손 안에 들어가야만 생산의 목적이 달성되기 때문이다. 즉 그때까지는 생산이 완성되지 않았다는 것이다. (『정치경제학』)

생산에는 다음과 같은 세 가지 방식이 있다.
1. 적응시키기(Adapting) : 자연 산물의 형태나 장소를 인간의 욕구 충족에 적합하도록 바꾼다.
2. 키우기(Growing) : 식물이나 동물을 기르는 경우처럼 자연의 생명력을 활용한다.
3. 교환하기(Exchanging) : 자연의 힘은 위치에 따라 다르고 인간의 힘은 상황, 직업, 성격에 따라 다르므로, 부의 총량을 증가시키기 위해 그중 더 큰 힘을 활용한다. (『진보와 빈곤』)

인간 사회의 발전과 더불어 생산의 세 가지 방식이 등장하는 순서와 중요성을 갖는 순서는 적응시키기—키우기—교환하기의 순서이다. (중략) 인간 생활의 초기 단계에서 욕구를 충족시키는 가장 쉬운 방법은 존재하는 원료를 사람의 용도에 맞게 적응시키는 것이다. 그 뒤 생활이 정착되면 채소를 기르고 짐승을 번식시키는 등 성장과 번식의 원리를 활용해 욕구를 더 쉽고 더 완전하게 충족시킬 수 있음을 알게 된다. 그 이상의 발전 단계에 가면 어떤 욕구는 교환을 통해 더 잘 그리고 더 쉽게 충족시킬 수 있음이 분명해진다. 교환을 하면 교환하지 않는 경제단위에 비해 협동의 원리를 더 완전하고 철저하게 활용할 수 있기 때문이다. (『정치경제학』)

생산과 분배는 별개가 아니다. 인간의 욕구를 충족시키기 위한 하나의 노동을 둘로 구분해서 생각하는 것에 불과하다. 설혹 양자가 구분이 된다고 해도 이는 사이폰의 양 끝과 같다. 사이폰의 한쪽 끝으로 물이 흘러 들어가는 것은 다른 쪽 끝에서 물이 흘러 나가기 때문인 것처럼, 분배가 생산의 원인이지 생산이 분배의 원인이 되는 것은 아니다. 보통의 경우라면, 생산되었기 때문에 분배되는 것이 아니라 분배되기 위해 생산된다. 이리하여 부의 분배에 간섭하는 것은 부의 생산에 간섭하는 것과 같아서 생산을 줄이는 결과를 낳는다. (『정치경제학』)

정치경제학 저술에서는 생산법칙은 자연법칙이고 분배법칙은 인위적인 법칙이라고 잘못 가르치고 있으나 두 가지 법칙은 모두 자연법칙이다. 진정한 차이점은 생산에 관한 자연법칙은 물질법칙이고 분배에 관한 자연법칙은 도덕법칙이라는 점이다. (중략) 부의 생산에 관한 법칙에서 부의 분배에 관한 법칙으로 연구 대상이 이동하면 당위와 의무의 관념이 중심이 된다. 모든 분배법칙은 윤리적 원리와 연결되어 필연적으로 당위와 의무를 고려하게 되며, 정당성과 정의의 관념이 출발점에서부터 연관된다. (『정치경제학』)

정치경제학 저자의 상당수는 교환을 분배의 한 부분으로 다루고 있다. 그러나 교환은 생산에 속한다. 사람은 교환에 따라서 또 교환을 통해서 협동의 힘, 즉 문명의 발달과 더불어 부의 생산력을 크게 증가시키는 협동의 힘을 획득하고 또 발휘한다. (『정치경제학』)

협동과 경쟁*

　자연이 각 개인에게 부여한 정도 이상으로 생산력을 증가시키려면 개인 간의 협동이 필요하다. 협동에는 두 가지 방식이 있다.

　1. 노동의 결합. 이 방식으로는 개인의 힘을 모두 합한 것보다 더 큰 일을 할 수 있다.

　2. 노동의 분리. 이 방식으로는 힘을 합할 필요가 없는 일에서 각자가 한 사람 분 이상의 일을 할 수 있다.

　예를 들어, 노동의 결합을 통해서는 혼자에게는 너무 무거운 바위나 통나무를 여럿이서 치우거나 들어올릴 수 있다. 이

---

* 협동하면 생산력이 증대된다. 또 경쟁을 나쁘게 보기도 하지만 공정하고 자유로운 경쟁은 누구도 해치지 않으며 오히려 사회를 발전시킨다.

방법은 여러 사람을 합쳐서 힘 센 한 사람이 되는 것과 같다. 미국 개척기에는 이른바 "통나무 굴리기" — 이 용어는 이제 입법 과정에서의 결탁을 의미한다 — 가 흔히 있었다. 갑, 을, 병, 정 네 사람이 개척지에서 서로 이웃해 집을 짓는다고 할 때, 나무는 각자 혼자서 벨 수 있지만 베어 놓은 나무는 너무 무거워서 혼자서 옮길 수가 없다. 그래서 네 사람이 힘을 합쳐서 통나무를 굴려 차례로 각자가 원하는 위치로 옮겨 준다. 이 결과는 네 사람이 따로 네 번 쓸 힘을 한꺼번에 집중한 것과 같다. 이처럼 여러 개인이 합쳐 거인 한 사람과 같은 노동을 해서 큰 이점을 얻을 수 있지만, 또 어떤 경우에는 개인을 여러 소인으로 나눔으로써 더 많이 이룰 수도 있다.

사람을 나누는 것과 같은 노동의 분업은 전체적으로 엄청나게 효과를 증가시킬 수 있다. 갑, 을, 병, 정 네 사람이 통나무를 굴려야 할 때가 있는가 하면, 왕복 이틀이 걸리는 다른 마을에 가서 일을 처리해야 할 때도 있다. 이런 일을 각자 해결하려면 모두 이틀이 걸린다. 그러나 갑 혼자 다른 마을로 가서 다른 사람의 일까지 대신 처리해주고, 을과 병, 정은 한나절만 갑의 일을 대신해주면, 모든 사람이 이틀씩 걸릴 일을 한나절 만에 처리하는 결과가 된다. (『정치경제학』)

위에서 협동을 통해 생산력을 증가시키는 방식에는 두 가지가 있음을 보았다. 그런데 협동이 이루어지는 과정도 두 가지로 구분할 수 있다.

한 가지 과정은 외면적 과정으로서, 특정한 목적을 가진 의도적인 지시 내지 통제에 의한 협동이다. 이를 강제적 협동 또는 의식적 협동이라고도 부를 수 있다. 또 다른 과정은 내면적 과정으로서, 각 개인이 전체 결과를 의식하지 않고 ― 전혀 무시한다고 할 수는 없더라도 ― 각자 자신의 의지에 따라 자신의 목적만을 추구하지만, 이런 개별 행위가 서로 관련을 맺어 생기는 협동이다. 이를 자발적 협동 내지 무의식적 협동이라고 부를 수 있다. 대규모 군대의 이동은 첫째 협동의 좋은 예다. 군대에서는 수많은 개인이 한 사람의 의지에 복종하고 그 명령을 받아 행동함으로써 마치 명령하는 사람의 신체와 사고의 일부가 되는 것과 같은 결과가 된다.

한편 대도시에서 주민에게 필요한 다양한 물자가 공급되는 과정은 둘째 협동의 좋은 예다. 이런 협동은 군대의 이동 같은 협동보다 훨씬 범위가 넓고 정교하며 조직이 훨씬 강력하고 세밀하다. 그러나 자신이 의도하는 전체 결과를 알고 있는 한 사람이 내리는 명령에 복종하는 협동이 아니라, 전체 결과를 생각하지 않은 채 각기 자신의 작은 목적을 가진 수많은 독립된 의지에서 나온 갖가지 행동의 상관성에 의한 협동이다.

첫째 협동은 우리 신체에서 의식적으로 지시할 수 있는 움직임에 비유할 수 있다. 둘째 협동은 신체의 기본을 유지하는 수많은 무의식적인 움직임에 비유할 수 있다. 그 복잡성, 미묘성, 정밀성은 우리의 의식적 명령에 비할 바가 아니다. 그럼에도 서로에게 그리고 전체 목적과 완벽하게 조화를 이루어, 인간의 신체를 구성하고 생명과 활력을 유지하는 각 부분 간에 그리고 각 기능 간에 협동이 이루어지고 지속된다. (『정치경제학』)

인간이 경쟁에 치여 아주 비참해지는 모습을 보고 경쟁을 없애야 한다고 성급한 결론을 내리는 사람은 집이 화재로 무너지는 것을 보고 불을 사용하지 못하게 하는 사람과 같다.

우리가 숨쉬는 대기는 신체 구석구석에 15파운드의 압력을 준다. 만일 이 압력이 한 방향으로만 가해진다면 우리는 바닥에 눌려 젤리처럼 부서지고 말 것이다. 그러나 압력이 모든 방향으로 작용하기 때문에 압력 속에서도 자유롭게 움직일 수 있다. 대기의 압력은 불편함이 없을 뿐 아니라 압력이 없다면 우리가 죽게 되므로 반드시 필요하다.

경쟁도 마찬가지다. 생활과 노동의 필수요소에 대한 권리를 부정 당하는 계층이 있다면 경쟁은 일방적이 된다. 인구가 증가함에 따라 최하계층은 사실상 노예 상태, 심지어는 굶주리는 상태까지 몰린다. 그러나 모든 인간의 자연권이 보장된다면 경쟁은 모든 당사자에게 작용해 피고용자 사이에서만이 아니라 고용주 사이에도 생긴다. 또 판매자 사이에서만이 아니라 구매자 사이에도 경쟁이 생기므로 아무도 해를 입지 않는다. 오히려 경쟁으로 인해 가장 단순하고 광범위하고 탄력적이고 세련된 협동 체제가 이룩된다. 현재의 사회발전 단계에서 보면, 이런 체제는 경쟁이 자유롭게 작용하는 영역에서는 산업 간의 조화 및 사회적 힘을 절약한다는 점에서 믿을 수 있는 체제이다.

요약하자면, 사회조직에서의 경쟁은 신체조직에서 무의식적으로 뛰는 맥박과 같은 역할을 한다. 경쟁도 맥박처럼 자유롭게 작용하도록 해주기만 하면 된다. 자유로운 경쟁이 불가능한 영역에는 국가의 간섭이 필요하다. 비유하자면 신체조직에서 무의식적 기능과 의식적 기능이 구분되는 것과 같다. 이런 구분이 존재하는데도 극단적인 사회주의자나 개인주의자는 이를 무시한다. 극단적인 개인주의자는 배고프면 자동으로 음식이 생긴다고 하는 사람과 같고, 극단적인 사회주의자는 의식적으로 위장에게 음식의 소화 방법을 지시해주는 사람과 같다. (『보호무역과 자유무역』)

3장

토지사유제가 문제다

토지사유제는 정의롭지 않다*

 인간이 창조주의 허락을 받아 평등하게 이 땅에 존재한다고 하면, 우리 모두는 창조주의 하사품을 평등하게 향유할 수 있는 권리를 갖고 있다. 또한 자연이 공평하게 제공하는 모든 것을 평등하게 사용할 수 있는 권리도 갖고 있다. 이것은 자연적인 권리이며 양도할 수 없는 권리이다. 이것은 또 모든 인간이 세상에 태어나면서 취득하는 권리이며, 생존하는 동안에는 다른 사람의 동일한 권리에 의해서만 제약될 수 있는 권리이다.

 자연은 상속 무제한 토지소유권(fee simple)이라는 것을 인

---

* 인간의 생산물이 아닌 토지를 생산물과 같은 사유재산으로 삼는 제도는 도덕으로나 법으로 근거가 없다.

정하지 않는다. 토지의 배타적 소유를 정당하다고 인정할 수 있는 권한은 어디에도 없다. 현재 살고 있는 모든 인류가 합의해 토지에 대한 자기들의 평등한 권리를 포기한다고 하더라도 후세대의 권리까지 포기할 수는 없다. 인간은 지구에 임시로 세 들어 사는 자에 불과하지 않은가? 후세대가 세 들어 살 권리를 우리가 대신 결정하다니, 도대체 우리가 지구를 만들기라도 했단 말인가? 인간을 위해 지구를 그리고 지구를 위해 인간을 창조한 전능자는 만물의 헌법에 명시된 섭리에 따라 ─ 인간의 행동으로는 저지할 수 없고 실정법으로 좌우할 수도 없는 섭리에 따라 ─ 지구를 인간의 모든 후손에게 베풀었다. 아무리 확실한 토지 문서가 많고 토지를 오래 보유했어도 자연적 정의는 다른 사람의 동등한 권리를 부정하는 개인의 토지 보유 및 향유의 권리를 인정하지 않는다. (『진보와 빈곤』)

잔치에 가장 먼저 도착했다고 해서 연회석의 의자를 돌려놓고서 자기와 계약을 하지 않으면 아무도 음식을 먹을 수 없다고 할 권리가 있는가? 극장에 제일 먼저 표를 내고 입장했다고 해서 극장 문을 달아 걸고 자기 혼자서만 공연을 관람할 권리가 있는가? 기차에 먼저 탔다고 해서 자기 짐을 온 좌석에 흩어 놓고 뒤에 타는 승객을 세워 둘 권리가 있는가?

이런 사례는 적절한 비유가 된다. 우리는 도착했다가는 떠난다. 잔치 손님도 계속해서 흩어진다. 우리는 모두를 수용할 수 있는 공연장의 관객이자 출연자이다. 우리는 우주를 질주하는 궤도 위의 역에서 역으로 이동하는 승객이다. 그러므로 우리가 취득하고 보유하는 권리는 결코 배타적인 것이 될 수 없다. 이러한 권리는 어느 곳에서나 다른 사람의 동등한 권리에 의해 한계가 생긴다. 기차에 맨 처음 탄 승객은 다른 사람이 타기 전에는 자기 짐을 여러 좌석에 흩어 놓을 수 있듯이, 토지에 첫째로 정착한 사람은 토지를 마음대로 취득하고 사용할 수 있지만 다른 사람이 그 토지를 원하면 ― 이 사실은 토지가치의 발생에 따라 표현된다 ― 다른 사람의 동등한 권리에 의해 첫 정착자의 권리는 제한된다. 토지를 먼저 차지했다고 해서 다른 사람의 동등한 권리를 빼앗을 수 있는 권리가 있는 것은 아니다. (『진보와 빈곤』)

소유권의 올바른 근거는 무엇인가? 사람이 정당하게 '내 것'이라고 말할 수 있는 근거는 무엇인가? 자기 자신이 배타적인 권리를 가진다고 인식하는 감정은 어디에서 나오는 것일까? 개인의 소유를 정당화하는 근거는 일차적으로 자기 자신에 대한, 자기 힘의 사용에 대한, 그리고 자기 노력의 결실을 향유할 수 있는 인간의 권리가 아니겠는가? (중략) 사람은 각자 자기 자신의 것이기 때문에 구체적인 대상에 투입되는 노동도 자기 자신의 것이다. (『진보와 빈곤』)

소유에 대한 모든 정당한 권원權原은 모두 생산자의 권원과 인간의 자기 자신에 대한 자연권에서 나온다. 그 밖에는 정당한 권원의 근거가 있을 수 없다. 그 이유는 첫째로 다른 정당한 권원을 이끌어낼 수 있는 자연권이 존재하지 않기 때문이며, 둘째로 만일 다른 권원이 존재한다면 두 권원이 상호 모순되어 이 근거가 붕괴되기 때문이다. (『진보와 빈곤』)

단순하고 자명한 두 원리는 다음과 같다.
1. 모든 사람은 자연이 베풀어준 것을 사용하고 향유할 평등한 권리가 있다.
2. 모든 사람은 자신의 노동으로 생산한 것을 사용하고 향유할 배타적인 권리가 있다.
두 원리 사이에는 모순이 없고 오히려 상관성이 있다. 노동의 산물에 대한 개인의 완전한 권리를 보장하려면 자연이 베풀어준 것을 공동의 재산으로 하지 않으면 안 된다. (『보호무역과 자유무역』)

자연은 노력한 결과 이외에는 인간에게 어떠한 소유나 통제력도 인정하지 않는다. 인간이 노력하지 않으면 자연의 보물을 채취할 수 없고, 자연의 힘을 다스리고 활용하고 통제할 수 없다. 자연은 사람을 차별하지 않으며 누구에게나 공평하다. 자연은 주인과 노예를 구분하지 않으며, 왕과 신하를 구분하지 않으며, 성자와 죄인을 구분하지 않는다. 자연에 대해서는 모든 사람이 동등한 처지에 있고 동등한 권리를 갖는다. 자연은 노동한 결과 외에는 인정하지 않으며, 노동한 결과라면 사람을 가리지 않고 인정한다. 해적선에도 바람은 불고, 상인이나 선교사의 배에도 바람은 분다. 왕과 백성이 같이 바다에 빠져도 헤엄을 치지 않으면 아무도 물 밖으로 머리를 내놓을 수 없다. 새는 밀렵꾼의 총보다 토지 소유자의 총에 먼저 맞지 않는다. 물고기도 주일학교에 다니는 착한 소년의 낚시나 결석을 밥 먹듯 하는 못된 소년의 낚시를 구별하지 않고 문다. (또는 안 문다.) 곡식도 밭을 갈고 씨를 뿌려야 자란다. 광석도 사람이 노동을 해서 캐내야 광석의 가치가 있다. 정의로운 사람에게나 그렇지 않은 사람에게나 해는 골고루 비치고, 비도 골고루 온다.

자연법칙은 창조주의 뜻이다. 자연법은 노동의 권리 외에 어떠한 권리도 인정하지 않는다. 자연법에는 모든 인간이 자연을 사용하고 향유할 권리, 자연에 노력을 쏟을 권리, 자연으로부터 대가를 얻어 소유할 권리의 평등성이 폭넓게 그리고 명백히 규정되어 있다. 자연은 노동에게만 주므로 노동을 생산에 투입하는 것이 배타적 보유의 유일한 권원이다. (『진보와 빈곤』)

노동을 해서 생산한 물자에 대해 인정하는 소유권을 하나님이 창조하신 물자에 대해서 인정한다면 사유재산권은 훼손되고 부인되고 만다. 토지라는 용어가 포괄하는 것, 즉 바다, 공기, 햇빛, 토양 따위를 사용하는 사람이 그 대가로 자신의 노동으로 생산한 것을 타인에게 지불해야 한다면, 사용자는 정당한 사유재산을 빼앗기는 결과가 된다. 이는 강도 행위와 다름없다. (『노동자의 상태』)

내가 어릴 적에 미국의 남부에서건 북부에서건 선량한 국민의 10분의 9는 노예철폐를 주장하는 사람을 재산권을 부인하는 사람이라고 불렀다. 관습과 법에 따라 오랫동안 재산권 침해를 인정하다 보면 진정한 재산권을 옹호하는 사람을 오히려 부인하는 사람으로 오해하기 쉽다. (『갈피를 잃은 철학자』)

토지사유제와 노예제는 닮은 꼴*

　토지사유제는 노예사유제와 마찬가지로 진정한 사유재산권을 침해하는 제도이다. 또한 둘 다 형태는 달라도 모두 강탈 행위를 정당화하는 제도이다. 인간이 타락한 능력을 이용해 만들어낸 제도로서, 힘센 자와 교활한 자가 노동을 하라는 하나님의 말씀을 어기고 자기의 책임을 다른 사람에게 뒤집어씌울 수 있도록 하는 쌍둥이 제도이다. (『노동자의 상태』)

　우리는 로빈슨 크루소가 프라이데이를 노예로 삼았다는 사실을 잘 안다. 그러나 프라이데이를 노예로 삼는 대신 그를

---

* 토지사유제와 노예제는 타인의 자연권을 침해한다는 점에서 공통될 뿐 아니라 토지사유제는 인간의 노예화를 초래한다.

인간으로서 또한 형제로서 맞이해 독립선언문과 노예해방선언 그리고 미국 헌법 제15차 수정 조항(노예해방을 명문화한 조항)을 읽어주면서 프라이데이가 자유롭고 독립적인 시민으로서 투표권과 공무담임권을 갖는다고 알려주는 한편, 다만 그 섬은 로빈슨 크루소의 사유지라고 했다면 결과가 어떻게 되었을까? 프라이데이는 하늘로 솟아오르거나 바다로 헤엄쳐나갈 수 없고 오로지 섬에서 살 수밖에 없으므로 이렇게나 저렇게나 노예 신세를 면할 수 없었을 것이다. 로빈슨 크루소가 섬을 소유한다면 프라이데이를 소유하는 것과 마찬가지다. (『사회문제』)

도덕 수준이 동일하다고 하면 두 가지 노예제도 가운데 토지를 사유재산으로 인정하는 노예제도보다 사람을 사유재산으로 인정하는 노예제도가 인간적으로 더 낫다는 점에 의문이 없다고 생각한다. 노예사유제에서 자행되는 잔혹 행위는 개인의 의식적인 행위라는 점에서 더 충격적이고 분노를 일으킨다.

그러나 세련된 방식의 노예제도인 토지사유제에서 가난한 사람들이 받는 고통에 대해서는 아무도 책임이 없는 것으로 보인다. (중략) 그러나 바로 이 사실 때문에 노예사유제에서라면 용서받지 못할 잔혹 행위가 토지사유제에서는 거의 주목을 받지 않은 채 지나간다. 사람들이 혹사당하고 굶주리고 인생의 모든 빛과 감미로움을 강탈당하고, 무지와 야만, 육체적 그리고 도덕적 질병에 시달리고, 범죄와 자살로 내몰린다. 그것도 사람 때문이 아니라 아무도 특별한 책임이 없어 보이는 불가피한 사정 때문에 그렇게 된다.

기독교 문명 속에서 드러나지 않은 채 날마다 일어나는 공포스러운 일에 상응하는 사례를 노예사유제에서 찾으려면 고대의 노예제도나 스페인의 신세계 정복사나 노예수송선으로 거슬러올라가야 한다. (『사회문제』)

풍요 속에서 빈곤을, 지식 속에서 무지를, 민주주의 속에서 특권 계급을, 굳건함 속에서 허약함을 만들어내는 원인을 ― 그리하여 우리 문명에 일방적이고 불안정한 발전을 가져오는 원인을 ― 뿌리까지 추적해 보십시오. 그러면 유태인의 지도자 모세가 3천 년 전에 인식하고 해결하려고 했던 것과 같은 그 무엇을 발견할 것입니다. 모세는 이집트 대중이 노예 상태에서 허덕이는 진정한 이유는 한 계층이 모든 사람의 삶의 터전인 토지를 장악했기 때문임을 알았습니다. 이것은 다른 곳에서의 노예화의 원인이기도 합니다. 모세는, 노동을 해서 생산한 물자에 부여되는 사적 소유권과 동일한 무제한적인 권리를 토지에 대해서도 허용하면 불가피하게 극부층과 극빈층이 발생하고 노동자가 노예화 된다는 사실, 그리하여 정치체제를 가리지 않고 극소수의 지배자가 다수를 장악하게 되고, 종교를 가리지 않고 죄악과 타락을 일으킨다는 사실을 알았습니다.

단 하루만 필요해서가 아니라 모든 미래를 위해 법을 만드는 철학적 정치가였던 모세는 그 시대의 사정에 맞는 방식으로 이러한 오류를 시정하려고 노력했습니다. ("모세")

토지사유제는 빈곤의 원인*

　인류 문명 발달의 불평등을 설명해주는 원리는 자본과 노동의 관계에 관한 원리가 아니며, 인구가 생존물자에 압력을 가한다는 원리도 아닙니다. 부의 분배가 불평등한 큰 원인은 토지소유의 불평등 때문이다. 토지소유는 인간의 사회적·정치적 상황, 그리고 그 결과로 나타나는 지적·도덕적 상황을 궁극적으로 결정하는 기본이 되는 큰 요인이다. 이 점은 틀림이 없다. 토지는 인간의 삶터이고 인간이 필요한 물자를 꺼내 쓰는 창고이며, 욕구를 충족할 물자를 공급하기 위해 노동을 투입하는 대상이 되는 원료이다. 토지 또는 토지생산물이 없다

---

* 토지사유제에서는 토지가 노동자에게 개방되어 있지 않고, 지대가 토지소유자에게 불로소득으로 돌아가며, 토지 투기를 통해 산업 불황을 일으키기 때문에 빈곤이 사라지지 않는다.

면 해산물도 얻을 수 없고, 태양열도 이용할 수 없고, 그 밖의 어떠한 자연력도 이용할 수 없다. 우리는 토지에서 태어나 토지에서 물자를 얻어 살다가 토지로 돌아간다. 인간은 들판의 풀이나 꽃과 마찬가지로 흙의 자녀이다. (『진보와 빈곤』)

모든 인간이 가진 자연권은 다른 사람에게 고용이나 임금을 요구할 권리가 아니라, 스스로 일자리를 마련할 권리이며, 창조주가 모든 인간을 위해 토지에 마련해주신 무한한 창고에 자신의 노동을 할 권리이다. 우리가 단일세를 수단으로 해서 이룩하려는 것처럼 이 창고를 개방한다면 노동에 대한 자연스러운 수요는 공급과 일치하고, 노동을 사고파는 사람 사이에 서로 이익이 되는 자유로운 교환이 이루어지며, 노사쟁의의 모든 원인이 사라질 것이다. 그렇게 되면 모든 사람이 자신의 일자리를 자유롭게 마련할 수 있으므로 노동의 기회를 제공하는 것이 은혜가 될 수 없다. 스스로 일해서 버는 것보다 낮은 보수를 받고 남을 위해 일하려는 사람이 없을 것이므로 임금은 필연적으로 완전한 수준으로 오르게 되고 노동자와 고용주와의 관계는 서로 이익이 되는 수준에서 결정된다. (『노동자의 상태』)

구약에 보면 이스라엘 백성이 사막을 가로질러 이동할 때

굶주림에 시달리자 하나님이 하늘에서 만나를 내려주셨는데, 그 양이 충분해 모든 사람이 먹고 구제를 받았다고 되어 있습니다. 그러나 사막이 사유토지였다고 가정해 보겠습니다. 한 사람은 1평방 마일을, 또 한 사람은 20평방 마일을, 또 한 사람은 100평방 마일을 소유하고, 나머지는 발을 붙일 땅 조각 하나도 소유하지 않았다고 가정해 보겠습니다. 그러면 만나는 어떻게 되었을까요? 대다수 백성에게 어떤 도움을 주었을까요? 아무 도움도 주지 못했을 것입니다. 하나님이 모든 사람을 위해 충분한 양의 만나를 내리셨지만 만나는 토지 소유자의 사유물이 되고 말았을 것입니다. 토지 소유자는 사람들을 고용해 만나를 끌어 모아 쌓아 두고 배고픈 동포에게 팔았을 것입니다. 만나를 사고파는 것은 이스라엘 백성 대다수가 가진 것을 모두 내놓고 드디어 몸에 걸친 옷가지마저 내놓을 때까지 계속될 것입니다. 그 다음에는? 만나와 바꿀 수 있는 것이 바닥나면 백성은 굶주리고, 토지 소유자는 만나 더미가 수북이 쌓이자 만나가 과잉생산 되었다고 불평할 것입니다. 만나의 양이 풍족한데도 굶주리는 사람이 존재하며, 이는 오늘날 우리 사회에 나타나는 현상과 다를 바 없습니다. ("빈곤이라는 범죄")

인구가 증가하고 연이어 기술이 발달하는 진보하는 사회

에서는 토지가치가 계속해서 상승한다. 이러한 상황에서는 미래에도 토지가치가 계속 상승할 것으로 기대하기 때문에 자연히 토지 투기가 발생한다. 이때 토지가치는 현재의 생산조건 아래에서 노동과 자본에 대한 보통의 대가를 지불할 수 있는 정도 이상으로 상승한다.

따라서 생산이 중단되기 시작한다. 생산의 절대액이 꼭 줄어든다고 할 수는 없고 대체로 줄지 않는 경우가 더 많을 것이다. 그러나 진보하는 사회에서 노동과 자본에 보통의 대가를 지불할 수 없어 생산이 진보에 비례해 증가하지 않는 현상이 나타난다면, 이는 정체된 사회에서의 생산량 감소에 해당된다고 할 수 있다.

어떤 생산 부문에서 이러한 생산중단(또는 생산감소) 현상이 발생하면 산업구조 속의 다른 생산 부문에 대한 수요중단(또는 수요감소) 현상으로 나타나고, 그로 인해 다른 부문에서도 생산이 억제된다. 이와 같은 마비 현상은 공업과 상업의 연관관계를 따라 확산되며, 모든 곳에서 생산과 교환이 부분적으로 조화를 잃어, 보는 견지에 따라서 과잉생산이라고도 할 수 있고 과잉소비라고도 할 수 있는 현상이 나타난다. 이렇게 해서 나타나는 불황기는 다음과 같은 시기까지 계속된다.

1. 지대의 투기적 상승이 가라앉을 때까지.

2. 인구 증가나 기술 발달 때문에 노동의 능률성이 높아져 정상적인 지대선이 투기적 지대선을 웃돌 때까지.

3. 노동과 자본이 적은 대가를 받고 생산에 참여할 때까지.

아마도 이 세 가지가 같이 작용해 새로운 균형을 이루게 되고, 이에 따라 모든 생산요소가 다시 생산에 참여해 경제활동이 한동안 다시 계속될 가능성이 가장 높을 것이다. 이렇게 되면 지대는 다시 상승하고 생산은 다시 억제되는 과정이 순환적으로 발생하게 된다.(『진보와 빈곤』)

산업구조는 토지를 저변으로 해서 형성된다. 다른 업종에 대한 수요를 창조하는 일차적이고 기본적인 업종은 자연에서 부를 직접 채취하는 업종이다. 따라서 구매력이 감소된 교환단계 또는 업종을 하나씩 추적해 보면 궁극적으로 생산억제는 토지에 노동이 투입되는 것을 억제하는 어떤 장애와 연결되어 있음을 알 수 있다. 그리고 이 장애는 토지가치, 즉 지대의 투기적 상승임이 분명해진다. 이러한 투기적 상승 현상은 토지 소유자가 노동과 자본을 배척하는 것과 같은 효과를 낸다.

산업구조의 저변에서 시작하는 생산억제는 교환단계를 따라 확산되며, 공급중단은 수요중단을 낳아 드디어 기계에서 톱니바퀴가 전부 빠져 버린 것처럼 변한다. 곳곳에서 노동자가 물자 부족을 겪으면서도 노동력은 놀고 있는 참상이 발생한다. 이런 현상이 잦다 보니 우리의 감각이 무디어졌지만, 필요한 물자를 얻기 위해서 노동을 하려고 하는 사람이 노동할 기회를 찾지 못한다는 것은 참으로 이상하고 부자연스러운 일이다.

흔히 노동의 공급과 노동에 대한 수요라는 말을 사용하는데, 이 두 용어는 상대적인 의미를 가질 뿐이다. 노동의 공급은 어느 곳에서나 동일하다. 입이 하나 태어나면 손이 두 개 같이 생기며, 남아 21명에 여아 20명이 태어난다. 그리고 노동만으로도 생산할 수 있는 물자를 인간이 필요로 하는 한 노동에 대한 수요는 항상 존재한다고 보아야 한다. 또 흔히 "일자리가 부족하다"는 말도 하는데, 인간이 물자를 필요로 하는 한 결코 일자리가 부족해지지는 않는다. 노동생산물이 부족한데도 노동의 공급이 너무 많거나 노동에 대한 수요가 너무 적은 경우는 분명히 있을 수 없다. 문제의 원인은 수요에 맞는 공급이 어디에선가 제약된다는 데 있으며, 또 어딘가에 필요한 물자를 노동이 생산하는 것을 막는 장애가 어딘가에 존재한다는 데 있다.

수많은 실업자 중 아무나 예로 들어 보자. 맬서스가 누구인지 전혀 모르는 사람이라도 세상에는 인구가 너무 많다고 생각할 것이다. 자신이나 근심에 잠긴 부인이나 제대로 양육받지 못하고 굶주림과 추위에 떠는 자식에게는 필요한 물자가 많다. 그러므로 노동에 대한 수요는 충분하다. 이것은 하늘도 안다. 일하려는 손이 있으므로 공급도 있다. 무인도에 이 사람을 데려다 놓으면, 문명사회의 협동과 분업과 기계의 혜택이 없이도 두 손으로 자신에게 딸려 있는 식구의 입을 채워 주고 등을 따스하게 해줄 수 있다. 그러나 생산력이 최고도로 발달한 곳에서는 그렇게 하지 못한다. 왜 그런가? 한 곳에서는 자연의 원료와 힘을 이용할 수 있고, 다른 곳에서는 이용하는 것을 거부당하기 때문이 아닌가? (『진보와 빈곤』)

근본 대책은 지대 환수*

악을 제거하는 방법은 단 하나이다. 원인을 제거하는 방법뿐이다. 부가 증가하는데도 빈곤이 심화되고, 생산력이 커지는데도 임금이 억제되는 이유는 모든 부의 근원이자 모든 노동의 터전인 토지가 독점되어 있기 때문이다. 그러므로 빈곤을 타파하고 임금이 정의가 요구하는 수준, 즉 노동자가 벌어들이는 전부가 되도록 하려면 토지의 사적 소유를 공동소유로 바꾸어야 한다. 그 밖의 어떠한 방법도 악의 원인에 도움을 줄 뿐이며, 다른 어떤 방법도 희망이 없다. (『진보와 빈곤』)

---

* 진보 속의 빈곤 문제를 해결하려면 그 원인이 되는 토지사유제를 없애야 하는데, 이를 위해서 토지를 몰수할 필요는 없고 단지 지대만 징수하면 된다.

커다란 개혁은 과거의 형식을 통해서 가장 잘 이루어질 수 있다고 하는 것은 국가 통치에서 하나의 공리이다. 이 공리는 독재체제를 구축한 자들이 잘 알고 이용했으며, 인간을 자유롭게 하려는 우리도 역시 따르지 않을 수 없는 진리이다. 또 이것은 자연의 방법이다. 자연은 하등 생물을 발전시켜 고등 생물을 창조한다. 이것은 사회 발전의 경우에도 역시 적용되는 법칙이다. 이러한 원리에 충실하게 따라 보자. 물결을 타면 빨리, 멀리 미끄러져 갈 수 있지만 물결을 거스르면 힘도 많이 들고 속도도 더딘 법이다.

내가 주장하는 것은 사유토지의 매수도 환수도 아니다. 매수는 정의롭지 못한 방법이고, 환수는 지나친 방법이다. 현재 토지를 보유하고 있는 사람은 그대로 토지를 갖게 한다. 각자 보유하는 토지를 지금처럼 자기 땅이라고 불러도 좋다. 토지를 사고파는 것도 허용하고, 유증과 상속도 할 수 있게 한다. 알맹이만 얻으면 껍질은 지주에게 주어도 좋다. 토지를 환수할 필요는 없고 단지 지대만 환수하면 된다.

이 제도는 지대를 징수해 공공경비에 충당하면 그만이므로 정부가 토지 임대 문제에 신경 쓸 필요가 없다. 이와 관련된 특혜, 결탁, 부패의 위험성도 없다. 또 이 제도를 위해 새로운 정부기구를 만들 필요가 없으며 기존의 기구만으로도 충분하다. 기존의 기구를 확장할 필요도 없으며 오히려 이를 단순화하고 감축해야 할 것이다. 토지 소유자에게 지대의 적은 부분만 남겨 두고 — 이 금액은 정부기관이 토지를 임대하는 데 드는 비용과 손실보다 훨씬 적을 것이다 — 기존의 기구를 활용해서 지대를 징수해 공공경비에 충당한다면 잡음이나 충격 없이 토지에 관한 공동의 권리를 확립할 수 있다.

이미 우리는 지대의 일부를 조세로 걷고 있다. 그러므로 단지 조세 방법만 약간 바꾸어 지대 전체를 걷으면 된다. 그러므로 나는 지대를 모두 조세로 징수할 것을 제안한다. 이것은 단순하지만 가장 좋은 해결책이다. (『진보와 빈곤』)

두 사람이 다이아몬드 하나를 공동으로 발견했다고 해도 보석상으로 가져가서 반으로 자를 필요가 없다. 세 아들이 배 한 척을 물려받았다고 해도 톱으로 배를 세 조각 낼 필요가 없다. 이 사람들도 그런 방법이 아니면 똑같이 나누는 게 불가능하다고 생각하지 않을 것이다. 여러 사람이 철도회사를 소유한다고 할 때, 철길이나 기관차나 수송 중인 화물이나 역을 사람 수대로 잘게 쪼개는 방법이 아니면 소유자의 권리를 보장하는 방법이 없는 것이 아니다. 그러므로 토지에 대한 평등권을 보장하기 위해 토지를 똑같이 나눌 필요는 없다. 단지 지대를 징수해 공동의 이익이 되도록 사용하면 된다. (『사회문제』)

지대는 사회의 성장에 따라 증가하는 사회비용을 충당하기 위해 자연법이 마련해주는 기금이다. 지대를 환수하면 사회는 불평등이 아닌 평등을 향해 자연스럽게 진보한다. 이는 통일을 지향하는 구심력이 다양성을 지향하는 원심력에서 발생하면서도 원심력과 균형을 이루는 것과 같다. 지대는 사회 전체에 속하는 기금으로서, 개인이나 단체가 주는 구호 금품에 의존하지 않고도 약자, 무의탁자, 노령자를 이 기금으로 도울 수 있으며, 국민 각자의 공동의 권리로서 사회 전체의 필요를 이 기금에서 충당할 수 있다. (『사회문제』)

인간은 본능의 지배를 받으며 사회를 이루고 살게 되어 있다. 이렇게 형성된 사회는 일정한 업무와 기능을 가지며 그에 맞는 수입이 있어야 한다. 사회가 발전하면 그 업무와 기능도 커지므로 점점 더 많은 수입이 필요하다. 인간은, 본성적으로 인식할 수 있다고까지 할 수는 없더라도, 경험이나 분석을 통해서 모든 자연적 필요를 충족하는 자연스런 방법이 있음을 알게 된다. 인간 사회가 자연의 일부라면 ― 실제로 분명 자연의 일부다 ― 이 원리는 사회적 필요나 개인적 필요에 적용될 것이고, 자연적 혹은 올바른 보행법이 있듯이 자연적이거나 올바른 과세 방법이 반드시 존재한다. (『사회문제』)

지대 환수의 효과*

 이러한 변화가 노동시장에 미칠 효과를 생각해 보자. 먼저 현재와 같은 일방적인 경쟁은 사라진다. 노동자가 일자리를 얻기 위해 경쟁을 벌여 임금이 최저 생존 수준으로 하락하는 대신, 어디서든지 고용주가 노동자를 구하기 위해 경쟁을 벌이고 임금은 정당한 수준으로 올라간다. 왜냐하면 노동수요에서 최대의 경쟁자라고 할 수 있는 자가노동 수요가 노동시장에 등장하기 때문이다. 이 경쟁자는 인간의 욕구가 완전히 충족되기 전에는 절대로 노동수요를 멈추는 일이 없다. 이때 고용주는 교역 확대와 이윤 증대라는 자극을 감지하는 다른

---

* 지대를 환수하면 토지사유제의 문제점이 해소될 뿐 아니라 경제에 해로운 다른 세금을 지대 환수액만큼 감면할 수 있다.

고용주와도 경쟁을 해야 하며, 또 토지 독점을 막는 조세제도로 인해 활짝 개방된 자연의 기회를 이용해 자가노동을 하려는 사람과도 경쟁을 해야 한다. (『진보와 빈곤』)

노동에게 자유로운 일터와 완전한 대가를 주고, 사회가 성장해서 생긴 기금을 사회 전체의 이익을 위해 징수하면 여러 가지 변화가 나타난다. 궁핍 내지 궁핍에 대한 두려움이 사라진다. 생산이라는 용수철은 자유롭게 튀어 오르고, 부가 엄청나게 증가해 최하층도 안락한 생활을 할 수 있게 된다. 숨 쉴 공기를 염려하지 않듯이 일자리도 염려하지 않게 된다. 들에 핀 백합과 같이 먹고살 걱정을 할 필요가 없게 된다. 과학이 발전하고, 발명이 계속되고, 지식이 보급되어 모든 사람이 혜택을 보게 된다.

궁핍 내지 궁핍에 대한 두려움이 없어지면 부에 대한 동경도 수그러들고, 부의 획득과 과시가 아닌 다른 방법으로 타인의 존경과 인정을 얻으려 할 것이다. 이렇게 해서 공적인 문제를 처리하거나 공적인 자금을 관리할 때도 사익을 추구할 때처럼 신경을 써서 기술을 발휘하고 정성을 들이게 된다. 철도나 가스를 공영화하더라도 지금의 주식회사 방식보다 오히려 더 경제적이고 능률적으로 운영할 수 있다. 또 소유자가 혼자인 경우처럼 경제적이고 능률적으로 운영될 것이다. 고대 그리스올림픽 경기에서 우승하려면 끈질긴 노력이 필요하지만, 그 상은 그저 야생 올리브 가지로 만든 머리띠에 불과했다. 사람들은 이런 머리띠를 얻기 위해 돈으로는 도저히 살 수 없는 노력을 하고 또 했다. (『진보와 빈곤』)

과세 방식은 금액 못지않게 중요하다. 무거운 짐도 잘 실으면 말이 거뜬하게 운반할 수 있지만, 가벼운 짐도 잘못 실으면 말에게 큰 고통을 줄 수 있다. 적절한 방식으로 부과하면 별 어려움 없이 부담할 수 있는 조세도 잘못 부과하면 국민을 궁핍하게 하고 부의 생산력을 파괴할 수 있다. (『진보와 빈곤』)

건물에 조세를 부과하면 궁극적으로 건물 사용자가 조세를 부담하게 된다. 건물 임대료가 정상 이윤과 세액을 합한 액수에 미치지 못하면 더는 건물을 짓지 않을 것이기 때문이다. 공산품이나 수입품에 조세를 부과하면 생산자나 수입상은 가격을 올리게 되고, 그 세액은 도매상과 소매상을 통해 결국 소비자에게 전가된다. 이때 궁극적으로 조세를 부담하는 소비자는 세액만을 부담할 뿐 아니라 이 세액에 대한 이윤까지 부담하게 된다. 업자는 상품 구입을 위해 선불한 자본 이외에 조세로 납부한 자본에 대해서도 이윤을 얻으려 하기 때문이다. (『진보와 빈곤』)

조세는 생산비를 올리고 공급을 억제함으로써 가격을 상승시킨다. 그러나 토지는 인간의 생산 대상이 아니며, 지대에 매기는 조세는 토지의 공급을 억제하지 않는다. 그러므로 이 조세 때문에 토지 소유자의 세액이 늘어나더라도 토지 소유자가 토지의 사용 대가를 올릴 힘이 없다. 오히려 투기 목적으로 토지를 보유하는 사람은 토지를 시가대로 매각 또는 임대하지 않을 수 없기 때문에 이 조세는 토지 소유자 사이의 경쟁을 촉진하고, 따라서 지가를 하락시키는 효과가 있다. (『진보와 빈곤』)

토지가치에 부과하는 조세는 사회에서 특별한 혜택을 받는 사람에게만 부담을 주며 또 그 혜택에 비례해서 부담을 준다. 이 조세는 사회가 창출한 가치를 사회가 거두고 또 사회를 위해 사용하는 조세이다. 이 조세는 공동재산의 공동사용이라는 원리를 구현한다. 모든 지대에 세금을 매겨 사회에 필요한 경비로 충당하면, 자연이 예정하는 평등성을 이룰 수 있다. 각 국민은 개인적인 근면, 기술, 지적 능력에 따른 이익 말고는 다른 사람보다 더 이익을 받는 일이 없다. 모든 사람은 자신이 정당하게 번 것을 갖는다. 그때가 되면, 그리고 그

때가 되어야 노동은 정당한 보수를 받고, 자본은 자연적인 대가를 받는다. (『진보와 빈곤』)

모든 단계의 교환을 저해하고 모든 형태의 산업을 압박하는 현재의 각종 조세를 없애면 마치 성능이 좋은 용수철에 실린 무거운 짐을 들어내는 것과 같은 효과가 생긴다. 참신한 힘이 주입되므로 생산은 새로운 모습으로 활기를 띨 것이고, 교환도 새로운 자극을 받아 그 효과가 멀리까지 파급될 것이다.

현재의 과세 방식은 인공 사막과 산처럼 교환을 저해한다. 상품이 세관을 통과할 때 내는 관세는 전세계를 둘러오는 수송비보다 더 무겁다. 현재 부과되는 조세는 인간의 노력, 근면, 기술, 절약에 벌금을 물리는 것과 같은 효과를 낸다. 갑은 오두막에 살고, 을은 갑보다 더 열심히 일해 좋은 집을 짓고 산다고 하면 을이 갑보다 세금을 더 내야 하는데, 이는 을이 자기의 노력과 근면에 대해 벌금을 내는 것과 같다. 갑이 낭비할 때 을은 저축을 한다면, 갑은 벌금이 면제되고 을이 벌금을 물게 된다. 누군가 배를 만들면 나라에 손해를 끼친 것처럼 그 사람의 노력에 세금을 매긴다. 철도를 개설하면 철도가 공해라도 되는 듯이 세금을 받으러 온다. 공장을 건설하면 세금을 매기는데, 이런 세금을 내고도 이윤을 확보하기 위해서는 여러 가지 부작용이 꼬리를 물게 된다. 우리는 자본이 필요하다고 하면서도 누군가 자본을 축적하거나 형성하면 우리가 그에게 특혜라도 준 것처럼 세금을 부과한다. 황무지를 옥토로 바꾸어 놓는 사람을 조세로써 처벌하며, 기계를 들여오고 늪을 농지로 바꾸는 사람에게 벌금을 물린다. (『진보와 빈곤』)

토지 소유자에 대한 보상은 안 된다*

존 스튜어트 밀John S. Mill(1806~1873)[7]은 위대하고 순수하며, 더운 가슴과 고결한 심성을 가진 인물이다. 하지만 경제법칙의 진정한 조화를 보지 못했고, 궁핍과 비참, 죄악과 수치의 근원이 되는 이 본질적인 잘못을 이해하지 못했다. 그렇지 않다면 그가 다음과 같은 구절을 썼을 리가 없다. "아일랜드의 토지 그리고 모든 나라의 토지는 그 나라 국민의 것이다. 도덕과 정의에 따르면, 토지 소유자라는 개인은 지대 또는 시장가격에 대한 보상액 이외에는 아무 권리도 갖지 못한다."

---

* 지대를 환수하면 토지를 사고파는 가격이 0으로 하락한다고 해서 기존 토지 소유자에게 지가를 보상해서는 안 된다.

참으로 답답하다. 어느 나라의 토지가 그 국민의 것이라면 토지 소유자라는 개인이 지대에 대한 권리를 갖는 것이 어째서 도덕적이고 정의롭다는 말인가? 토지가 국민의 것이라면 왜 국민이 도덕과 정의의 이름으로 자기 물건의 시장가격을 남에게 지불해야 한다는 말인가?

허버트 스펜서Herbert Spencer(1820~1903)[8]는 말했다. "인류의 공동유산을 원초적으로 도둑질한 자를 처리해야 할 경우라면 단숨에 해치우게 될 것이다." 그렇다면 단숨에 해치우자. 토지를 훔치는 것은 말(馬)이나 돈을 훔치는 것과는 달리 행위 그 자체로 끝나는 것이 아니기 때문이다. 이것은 날마다 시간마다 잇달아 되풀이되는 도둑질에 해당된다. 지대는 과거의 생산물에서 나오는 것이 아니라 현재의 생산물에서 나온다. 지대는 지속적으로 노동에 부과되는 부담이다. 해머를 칠 때마다 곡괭이를 휘두를 때마다 직기가 움직일 때마다 증기기관이 고동칠 때마다 지대에 공물을 바친다. 지대는 깊은 지하에서 생명을 걸고 일하는 사람에게도, 배를 타고 세찬 파도를 무릅쓰며 일하는 사람에게도 부과된다. 이런 도둑질은 자본가의 정당한 보수와 발명가의 끈질긴 노력의 열매를 가져간다. 어린이에게서 놀이와 학교를 빼앗으며, 뼈가 튼튼해지고 근육이 단단해지기도 전에 일터로 몰아낸다. 추위에 떠는 사람에게서 온기를, 배고픈 사람에게서 음식을, 병자에게서 약품을, 불안한 사람에게서 평온을 빼앗는다. 사람을 타락하게 하고 포악하게 하며 비참하게 한다. (『진보와 빈곤』)

보통법은 이성의 극치라고들 하며 또 보통법은 토지 소유자에 따라 그리고 토지 소유자를 위해 형성된 것이므로 그 결정에 대해 그들이 불평할 수 없을 것이다. 어느 선의를 가진 토지 소유자가 돈을 지불하고 토지를 사들였지만 이 토지가 다른 사람이 정당하게 소유하는 토지라는 판결이 난다면 법은 이 선의를 가진 토지 소유자에게 무엇을 허용하는가? 아무것도 허용하지 않는다. 선의로 사들였다고 해도 아무런 권리가 없다. 법은 선의를 가지고 산 사람과 관련해서 "보상이라는 복잡한 문제"에 신경 쓰지 않는다. 존 스튜어트 밀은 "토지는 갑의 것이다. 그러므로 자기가 소유자라고 생각했던 을은 지대 또는 사고판 가격에 대한 보상액 이외에는 아무 권리가 없다"고 했지만 법은 이와 다르다. 노예 탈출 사건을 다룬 유명한 재판에서 미국 법원이 법은 북부에 주고 검둥이는 남부에 주었다고 했는데, 밀의 논리는 이것과 다름없다. 법은 단순히 "토지는 갑의 것이다. 집행관은 토지를 갑에게 돌려주라!"고 판결한다. (『진보와 빈곤』)

어떤 사람이 갖고 있던 기대가 국가의 조치로 인해 깨졌다고 해서, 도덕적으로 잘못이 없는데도 국가가 그에게 보상을 해야 하는가? 국가의 조치가 평화를 이룩했을 때, 전쟁이 계속될 것으로 기대하고 투자를 한 사람에게 보상을 해야 하는가? 국가가 지름길을 개설했을 때, 옛 도로의 통행이 줄어들어 손실을 입는 사람에게 보상을 해야 하는가? 열을 이용해 직접 발전을 하는 능률적인 방법을 발견하도록 국가가 촉진했는데 소용이 없게 되어 증기기관을 폐기해야 한다면 그 소유자와 생산자에게 보상을 해야 하는가? 국가가 비행선을 발전시킬 경우 비행선 때문에 사업에 지장을 받는 사람에게 보상을 해야 하는가? 이러한 주장은 어불성설이다. 그러나 토지 소유자의 보상 요구는 이보다 더욱 못하다. 불의가 계속될 것이라는 기대를 충족시키지 못했다고 해서 국가가 보상을 하라는 주장이기 때문이다. (『갈피를 잃은 철학자』)

토지에 대한 불평등한 권리를 없애는 데 대해 보상을 요구하는 것은 정의를 회피하고 불의를 지속하기 위한 구실일 뿐이다. 보상 요구는 정의의 요체인 평등을 철저히 부정한다는 점에서 철폐 대상이 되는 불의와 다름없다. 선량한 사람의 눈에는 이런 요구가 그럴듯해 보이겠지만, 아마도 무의식적으로 그랬겠지만 곰곰이 따져 보면 그 이유는 그가 정의롭지 않은 제도로 이익을 얻는 자를 동정할 뿐 그로 인해 상처를 받는 자는 외면했기 때문일 것이다. 그가 평등권이 회복될 때 소득이 줄어드는 몇몇 사람을 생각하는 반면, 평등권이 부정됨으로써 가난하고 천하게 살면서 심지어 생명까지 잃은 수많은 사람은 망각했기 때문일 것이다. 그가 횡포한 고정관념을 깨뜨리고 모든 인간은 평등하게 자연의 기회를 사용해 자신의 삶을 영위하고 능력을 발전하게 할 수 있는 권리가 있다는 점을 진정으로 인식한다면, 토지 독점을 철폐할 때 보상을 해야 한다는 주장의 부당함과 사악함을 깨닫게 될 것이다. 불의를 물리쳐 없앨 때 보상을 받아야 할 자가 있다면 불의 때문에 고통을 받았던 자이지 그로 인해 이익을 얻었던 자가 아님을 깨닫게 될 것이다. (『갈피를 잃은 철학자』)

해묵은 잘못에 대한 비판이 처음 시작될 무렵 정의의 여신은 비굴할 정도로 겸손하다. 영어를 사용하는 우리는 아직도 색슨 시대 노예의 질곡을 벗어나지 못하고 있다. 또한 고대 이집트 사람들이 악어를 숭상한 것과 같은 근거 없는 존경심을 가지고 지주의 "기득권"을 존중하도록 교육받았다. 그러나 관념은, 처음에는 대단치 않아 보이더라도, 때가 무르익으면 자라기 마련이다. 한때, 왕이 모자를 쓸 때 평민은 머리를 가려야 했으나, 얼마 뒤에 성 루이(St. Louis)의 어느 자손의 머리가 단두대에서 구른 일도 있었다.

미국의 노예제도 철폐운동은 노예 소유자에 대한 보상에 관한 이야기에서부터 시작되었다. 그러나 4백만 명의 노예가 해방되자 노예 소유자는 보상을 받지 못했을 뿐만 아니라 보상을 내놓고 요구하지도 못했다. 영국이나 미국의 국민이 토지의 사적 소유의 부정의성과 단점을 충분히 인식해 토지의 국유화를 시도할 무렵이 되면, 토지를 사들이는 것보다는 더 직접적이고 편리한 방식으로 국유화하는 방안을 추구하게 될 것이다. 이때가 되면 토지 소유자에게 보상하는 문제에 신경을 쓰지 않게 될 것이다. (『진보와 빈곤』)

토지 사용과 토지사유제*

 지대가 국가나 시정부에 귀속되어도 지대가 개인에게 귀속되는 지금처럼 토지를 경작하고 개량할 것인가? 토지의 사적 소유를 인정하지 않고 국가나 시정부가 모든 토지를 소유하면서 점유자 또는 사용자에게 지대를 징수하더라도 지금과 다름없이 토지를 사용하고 개량할 것인가? 그 대답은 오직 '물론 그렇다'이다. 토지를 공유로 하더라도 적절하게 토지를 사용하고 개량하는 데 아무 지장을 주지 않을 것이다.

 토지 사용에 필요한 것은 토지의 사적 소유가 아니라 개량물에 대한 보장이다. 토지의 경작과 개량을 유도하기 위해서

---

* 토지를 적절히 사용하기 위해 필요한 것은 토지사유제가 아니라 토지를 사용한 결과를 보장하는 것이다. 토지사유제는 오히려 토지를 유휴화하며 토지 투기를 일으켜 토지 사용에 지장을 준다.

"이 땅은 당신의 것"이라고 할 필요가 없다. 단지 "이 땅에서 당신이 노동과 자본을 들여 생산한 것은 당신의 것"이라고 하면 충분하다. 수확을 보장해주면 씨를 뿌릴 것이고, 주택을 소유할 수 있도록 보장해주면 집을 지을 것이다. 수확이나 주택은 노동에 대한 자연스러운 보상이다. 사람이 씨를 뿌리는 것은 수확하기 위해서이고, 집을 짓는 것은 주택을 소유하기 위해서이다. 토지의 소유 여부는 이와 아무 관계가 없다. (『진보와 빈곤』)

플랑드르의 모래땅이 비옥한 농지로 변한 것은 소유권의 마술이 아니다. 그것은 노동의 결과를 보장한 데서 생긴 마술이다. 돼지를 익히는 데 필요한 열이 집을 불태워야만 나오는 것이 아니듯이 토지 개량도 토지를 사유재산으로 해야만 얻을 수 있는 것이 아니다. 아일랜드에서는 토지 소유자가 20년 동안 수확을 보장하고 지대를 받지 않겠다고 약속하자 농민들이 황무지였던 산을 옥토로 바꾸어 놓은 일이 있다. 일정 기간 지대를 올리지 않는다는 보장을 하자 런던과 뉴욕의 대부분의 고급 건물이 임차된 대지 위에 건축되었다. 토지 개량자에게 이러한 보장만 해준다면 토지사유제를 없애도 아무런 문제가 없다.

토지에 대한 사회의 공동권을 완전히 인정하더라도 토지

개량물이나 토지생산물에 대한 개인의 권리를 인정하는 데 조금도 지장이 없다. 선박을 반으로 쪼개지 않더라도 두 사람이 한 척을 소유할 수 있다. 철도가 수십만의 소유지분으로 나뉘어 있더라도 한 사람이 소유하는 것과 마찬가지로 기차는 체계 있고 정확하게 운행된다. 런던에서는 토지를 보유하고 관리하기 위해 주식회사가 설립된 경우도 있다. 지대를 징수해 공동의 이익을 위해 사용하면 토지에 대한 공동의 권리가 완전하게 존중될 뿐, 모든 것이 현재와 같다. 샌프란시스코 중심가에는 아직 법으로 주민이 공동의 권리를 갖고 있는 땅이 있는데, 미세한 필지로 분할되지도 않고 방치되고 있지도 않다. 이 땅에는 개인의 사유재산으로 완전히 보장을 받는 고급 빌딩이 있다. 이 땅과 주변의 다른 땅과의 차이가 있다면, 이 땅의 지대는 학교용 공동기금으로 들어가는데, 다른 땅의 지대는 개인 주머니로 들어간다는 점뿐이다. (『진보와 빈곤』)

토지사유제를 인정해야 토지를 적절하게 사용할 수 있는 것이 아니라 오히려 그 반대이다. 토지를 사유재산으로 하면 적절하게 사용하는 데 오히려 방해가 된다. 토지를 공공재산으로 하면 필요할 때 곧바로 사용하거나 개량할 수 있다. 그러나 토지를 사유재산으로 하면 토지 소유자 스스로 사용하거나 개량할 능력이나 의사가 없는 경우에도 타인이 사용하거나 개량을 못하게 할 수 있는 권리를 토지 소유자가 갖는다.

   소유권을 놓고 다툴 때에는 값비싼 토지가 몇 년간 놀게 된다. 영국 곳곳에는 토지 개량자에 대한 보장이 없어서 토지를 개량하지 않고 있다. 토지가 공공재산이었다면 빌딩과 작물로 뒤덮일 수 있는 넓은 땅이 소유자의 변덕 때문에 놀고 있다. 미국의 경우에 이미 많이 정착한 지역이지만 지금보다 서너 배의 인구를 수용할 수 있는 땅이 있다. 그런데 소유자가 가격이 오르기를 기다리면서 사용하지 않기 때문에 이민 온 사람들은 이런 땅을 지나 노동생산성이 훨씬 떨어지는 곳으로 가서 정착할 수밖에 없다. 귀중한 땅이 이런 이유로 놀고 있는 모습은 모든 도시에서 볼 수 있다. 토지사유제는 다른 기준으로도 그렇지만, 토지를 가장 잘 사용하는 기준으로 보더라도 불합격이다. 토지사유제는 적절하게 토지를 사용하는 면에서는 돼지고기를 익히기 위해 집을 불태우는 것처럼 낭비고 불확실한 방법이다. (『진보와 빈곤』)

4장

개혁의 길

우리가 할 일*

우리는 정치를 정치인에게만 맡겨 놓을 수 없고, 정치경제학을 대학교수들에게만 맡겨 놓을 수 없다. 국민 모두가 스스로 생각해야 한다. 행동할 수 있는 자는 국민밖에 없기 때문이다. (중략) 누구도 자신이 영향력이 없는 사람이라고 여겨서는 안 된다. 그가 누구든, 어디에 있든 생각하는 사람은 빛이 되고 힘이 된다. (『사회문제』)

사회개혁은 소란과 고함으로, 불평과 비난으로, 정당 결성이나 혁명 추진으로 달성되는 것이 아니라 생각의 각성과 사

---

* 지대 환수라는 개혁을 달성하기 위해서는 국민이 올바르게 생각하고, 정의와 자유의 편에 서는 확고한 신념이 필요하다.

상의 진보로 달성된다. 올바른 생각이 없으면 올바른 행동이 나올 수 없고, 올바른 생각이 있으면 반드시 올바른 행동이 나온다. 힘은 언제나 대중의 손에 있다. 대중을 억압하는 것은 그 자신의 무지이며 그 자신의 근시안적 이기심이다. (『사회문제』)

일반적인 주제에 관해 정확하게 추론하는 힘은 학교에서 배우는 것도 아니고 특별한 지식에서 나오는 것도 아니다. 그 힘은 조심스럽게 분리하고 결합하고, 우리가 사용하는 단어의 의미를 자신에게 묻고 단계마다 확인을 하는 습관에서 나온다. 또 무엇보다도 진리에 대한 충성에서 나온다. (『갈피를 잃은 철학자』)

위대한 대중운동을 시작하고 유지해 가려면 지식보다는 도덕심에, 이기심보다는 이해심에 호소해야 한다. 개인 개인은 그렇지 못해도 집단을 이룬 인간은 지적인 인식보다는 정의감이 더 예민하고 진실하기 때문이다. 문제를 옳고 그름의 문제로 제기하지 않으면 사회적인 논의를 유발할 수 없고 다수를 행동하게 할 수 없다. 물질적인 손해나 이익은 많은 사람과 관련될 경우, 그에 대한 인식이 분명해지지 않지만 이해심의 힘은 이 사람 저 사람에게 퍼질수록 커진다. 이 힘은 쌓이고 번지는 특성을 갖고 있다. (『보호무역과 자유무역』)

오늘날 세계를 돌아보라.

우리 문명사회에서도 옛 비유는 의미가 있으며, 옛 신화도 맞아떨어진다. 의무의 길은 죽음의 그림자 계곡(Valley of the Shadow of Death)을 향하고, 크리스찬과 페이스풀은 허영의 시장으로 걸어가며, 그레이트하트[9]의 갑옷이 쨍그랑 소리를 낸다. 아후라마즈다Ahura Mazda(혹은 오르마즈드Ormazd, Ormuzd)[10]는 아리만과 싸운다. 들으려고 하는 사람의 귀에는 전쟁의 나팔소리가 울린다. 나팔소리가 울리고 또 울려서 드디어 듣는 사람의 가슴이 끓어오른다. 지금 세계에는 강한 정신과 고결한 노력이 필요하다. 아름다움은 아직도 감옥에 갇혀 있고, 인생에서 피어나는 진선미를 철의 수레바퀴가 깔아뭉개고 있다. 아후라마즈다의 편에서 투쟁하는 사람은 지금은 서로를 잘 모를지라도 언젠가 어디선가 함께 모일 날이 반드시 올 것이다. (『진보와 빈곤』)

이것은 인간이 몰입할 수 있는 가장 고귀한 목표입니다. 인생에서 이보다 더 귀한 투쟁이 어디 있겠습니까? 이 강연장에 모이신 여러분은 물론이고, 다른 어떤 사람에게도 절대 확실한 단 한 가지 사실이 있습니다. 그것은 죽음입니다. 어차피 길지 않은 인생인데 얼마를 더 사는가 하는 것이 우리에게 무슨 문제가 되겠습니까? 우리가 불의와 싸우고, 여론을 계몽하고, 수많은 사람을 타락과 참담 속으로 몰아넣는 저주받은 제도를 깨뜨리기 위해 모든 노력을 다하며, 그리하여 후손이 더 선하고 행복하게 살 수 있도록 무언가를 한다면 이것이야말로 인생을 가장 고귀하고 훌륭하게 활용하는 것이 아닙니까?

우리 앞에는 길고도 험한 싸움이 기다리고 있습니다. 우리 중에는 이 싸움이 성공하는 것을 보지 못하는 사람도 많을 것입니다. 그러나 그게 무슨 문제입니까? 이런 투쟁에 동참하는 것만으로도 특권입니다. 이 투쟁은 모든 시대의 정의롭고 선한 사람들이 세계 곳곳에서 오랜 세월 동안 동참해 온 위대한 투쟁의 일부임을 우리는 압니다. 우리가 이 투쟁에 참여함으로써 이 땅 위에 하나님의 나라를 구현하기 위해 우리 나름대로 기여하게 됩니다. 또 우리 뒤에 올 사람들, 하늘나라에서 승리하게 될 것으로 우리가 믿는 사람들의 삶의 조건을 보장하는 데 기여하게 됩니다. ("도적질하지 말지니라")

우리가 일생을 마감할 때 '하나님의 사역을 위해 우리가 부여받은 능력을 잘 활용했는가'라는 기준에 비추어 본다면, 일생을 맛있는 음식을 먹고 살았는가, 부드러운 옷을 입고 살

앉는가, 큰 유산을 남겼는가, 사후에 명예를 누릴 것인가 경멸을 받을 것인가, 지식인 대접을 받았는가 등이 무슨 중요한 문제가 될 것인가? 눈도 잘 안 보이고 귀도 잘 안 들리는 가운데, 어둠 속에서 내미는 손이 보이고 정적을 울리는 다음과 같은 말이 들린다면 다른 것이 무슨 문제가 될 것인가?

"장하도다, 그대 선하고 충실한 종이여. 그대는 몇 가지 일에 충실했으므로 나는 그대에게 여러 가지 일을 맡기려고 하노라. 그대는 주의 기쁨이니라." (『사회문제』)

정부의 임무*

　인간은 기본적으로 개별 존재이다. 별도의 개체로서 욕구와 능력 면에서 타인과 다르며, 능력을 발휘하거나 욕구를 충족하기 위해서는 개별적인 노력과 자유가 필요하다. 그러나 인간은 사회적인 존재이기도 해서 타인의 욕구와 조화되는 욕구도 있고, 타인과 협력해야만 발휘할 수 있는 능력도 있다. 그러므로 개인의 영역과 함께 사회의 영역도 존재하는 것이다. 각자 알아서 해야 잘 되는 일이 있고, 사회가 모든 구성원을 위해 나서야 잘 되는 일이 있다. 진보하는 문명의 자연스런 경향을 보면, 사회적인 조건이 상대적으로 더 중요해지

---

* 개인이 각자 알아서 해야 잘 되는 영역이 있는 동시에 정부가 나서야 할 사회의 영역도 있다. 그러나 정부 활동은 개인의 평등한 자유를 보장하는 것을 넘어서는 안 된다.

고 있으며 사회의 영역이 확대되고 있다. 이 점이 충분히 인정받지 못해 왔으며, 사회의 성장과 기술의 발달에 따라 사회의 영역으로 이전된 기능을 여전히 개인에게 맡겨둠으로써 발생하는 문제가 오늘날 분명히 존재한다. 이는 개인의 영역에 속하는 것에 사회가 간섭함으로써 발생하는 문제가 분명히 존재하는 것과 같다. 사회는 개인이 전신과 철도를 관리하고 통제하게 해서는 안 된다. 또 사회는 개인 간의 채무관계에 관여해 이를 대행해서도 안 되고, 개별 산업에 간섭해서도 안 된다. (『보호무역과 자유무역』)

정부의 일차적이고 궁극적인 목적은 모든 사람의 자연권과 자유를 보장하는 데 있다. 따라서 독점적 요소를 가진 모든 사업은 당연히 정부의 규제 대상이 되며, 성질상 완전한 독점이 되는 사업은 당연히 국가의 고유 기능에 속한다. 사회가 발전함에 따라 국가는 개인 간에 협동이 필요할 때 조정하는 기능을 담당함으로써 모든 사람의 평등권과 자유를 보장해야 한다. 말하자면, 사회가 통합되는 과정에서 개인은 전체에 대해 점점 더 의존하고 종속되어 가는데, 모든 개인으로 구성되는 집합체를 대표하는 유일한 존재인 정부는 개인에게 맡겨둘 수 없는 일정한 기능을 모든 사람의 이익을 위해서 담당해야만 한다는 것이다. (『사회문제』)

사람에게 덕을 쌓도록 하거나 종교를 믿도록 하는 일, 어리석은 자가 바보짓을 하는 걸 막는 일 따위는 정부의 업무가 아니다. 타인의 침해로부터 개인의 평등권을 보호함으로써 자유를 보장하는 데 필요한 활동 이상을 하지 않도록 정부 활동을 제한해야 한다. 정부의 규제가 이 경계를 넘어서는 순간 정부의 존립 목적 자체를 부정하는 결과가 일어날 위험성이 있다. (『사회문제』)

부를 분배하는 권한을 정부에 줌으로써 평등성을 확보하려는 모든 방법은 본말이 전도된 치명적인 오류를 안고 있다. 이런 방법은 순수한 정부를 전제로 한다. 그러나 정부가 사회를 만드는 것이 아니라 사회가 정부를 만든다는 점을 생각하면 부의 분배가 실질적으로 평등하게 되기 전에는 순수한 정부를 기대할 수 없다. (『보호무역과 자유무역』)

종교의 임무*

 종교가 인간 상호 간의 행동에서 반드시 지켜야 할 원리를 가르치지 않는다면 종교의 임무는 무엇이란 말인가? 인간이 모든 생활 관계 속에서 — 교회에서만이 아니라 직장에서, 시장에서, 토론장에서, 상원에서 — 지켜야 할 분명하고 확실한 정의의 규칙을 제시하지 않는다면, 또 욕심의 폭풍, 과욕 때문에 생기는 탈선, 근시안적인 편의주의 속에서 인간이 안전하게 항해할 수 있는 나침반을 제공하지 않는다면, 종교의 임무는 무엇이란 말인가? 가장 중대한 문제 앞에서 꼼짝도 못하고 이를 얼버무린다면 종교는 무슨 소용이 있는가? 내세에

---

* 종교는 내세에 대한 약속 외에 현세의 불의를 방지하는 임무도 있다. 빈곤에서 생기는 고통과 야만성을 하나님의 불가사의한 섭리로 돌리는 것은 신성모독이다.

대해서 무슨 약속을 하건 간에 현세의 부정의를 방지하기 위해 아무것도 할 수 없다면 종교는 무슨 소용이 있는가?

초기의 기독교는 이런 종교가 아니었다. 그 당시에도 이랬다면 로마의 박해를 절대로 받지 않았을 것이고, 나중에 로마 전역에 전파되지도 못했을 것이다. 회의주의적인 로마 지도자들은 온갖 신에 대해 너그러웠고 미신에 대해서조차 무관심했으나 평등권에 기반을 둔 이 종교에 대해서는 예민하게 대처했다. 노예와 가난한 자에게 새로운 희망을 불러일으킨 이 종교, 십자가에 못 박힌 목수를 중심에 둔 이 종교, 하나님이 모든 이의 평등한 아버지이고, 모든 인간은 평등한 형제임을 가르치는 이 종교, 정의가 빨리 지배하기를 추구하면서 "하나님의 나라가 임하옵소서!"라고 기도하는 이 종교를 로마 지도자들은 본능으로 두려워했다. (『노동자의 상태』)

하나님이 인간 문제를 서툴게 다루신 것도 인색하게 다루신 것도 아니다. 이 세상에 인구를 너무 많이 내신 것도 아니고, 물자를 풍족하게 베푸시는 데 소홀하셨던 것도 아니다. 단순한 동물적 생존을 위해 대중이 벌어야 하는 치열한 경쟁이나 우리 문명의 특징인 그 엄청난 부의 축적을 의도하신 것도 아니다. 이와 관련해 많은 사람들이 하나님이 존재하지 않는다고 하기도 하고, 더 불경스럽게는 그것이 하나님이 마련하신 질서라고 하기도 한다. 하지만 이런 폐단은 우리가 하나님의 도덕법칙을 부인하기 때문에 생긴 것이다. 정의의 법칙인 황금률은 단순히 말로만 그치는 법칙이 아니고 진실로 사회생활의 법칙이다. 이 법칙을 지키면 모든 사람에게 일자리와 여가와 풍요가 생긴다. 이 법칙을 지키면 문명은 극빈자에게도 생필품은 물론 모든 편리품과 적당한 수준의 사치품까지 마련해줄 수 있다. 그리스도가 들판의 백합이 옷 걱정을 할 필요가 없듯이 하나님의 나라와 공의를 추구한다면 물질에 대해 걱정할 필요가 없게 된다고 했는데, 이는 단순한 몽상가의 말이 아니다. 그리스도는 정치경제학의 최근 연구 결과에 비추어 볼 때 완벽한 진리를 설파한 것이다. (『노동자의 상태』)

'자비(Benevolence)'보다 더 위대하고 '자선(Charity)'보다 더 존엄한 '정의(Justice)'는 이 잘못을 고쳐서 바로잡으라고 명령한다. 저울과 칼을 들고 있는 정의는 부정할 수도 없고 제거할 수도 없다. 우리가 예배나 기도를 드린다고 해서 정의가 내려치는 칼날을 빗겨갈 수 있을까? 굶주린 어린이가 신음하고 지친 어머니가 울고 있는데, 교회를 세운다고 해서 저 불변의 법칙의 명령을 피할 수 있을까?

빈곤에서 생기는 고통과 야만성을 하나님의 불가사의한

섭리로 돌린다거나 또는 두 손을 모으고 만물의 아버지 앞에 가서는 대도시의 궁핍과 범죄의 책임을 미룬다면, 형식으로는 기도일지 모르나 실제로는 신성모독이다. 영원하신 존재를 깎아내리는 행위이다. 정의로우신 분을 욕되게 하는 행위이다. (『진보와 빈곤』)

로마 문명이 더할 수 없을 정도로 불평등으로 치닫고 곳곳에서 대중이 절망스런 노예 상태로 전락하고 있을 때, 한 유대 마을에 교육도 받지 못한 목수가 나타났다. 그는 당시의 교단과 형식주의를 비웃으며 노동자와 어부에게 하나님의 아버지 되심과 모든 인간의 평등함과 형제됨에 관한 복음을 설교하고, 하늘나라가 이 땅에 임하도록 기도하라고 제자들에게 가르쳤다. 학자들은 그를 조롱했고, 교단에서는 그를 비난했다. 그는 꿈꾸는 자, 훼방꾼, "공산주의자"라고 매도당했다. 결국에는 기성사회가 그를 위험인물로 인식해 도둑 두 명과 함께 십자가에 못 박아 죽였다. 그러나 도망자와 노예들의 입을 통해 말씀이 퍼져나가 권력과 박해를 이겨내면서 마침내 세계를 일신하고, 부패한 옛 문명에서 새로운 문명의 싹을 이끌어 내었다. 그러자 특권층이 다시 힘을 발휘해 그를 우상으로 조각해 궁중에도 세우고 왕의 무덤에도 세우고는 그의 이름으로 이를 봉헌하고 그의 복음을 왜곡해서 사회의 부정의를 옹호했다. 그러나 이제는 하나님이 아버지이시고 인간 모두가 형제이며, 사회의 그 누구도 과도하게 일하거나 가난하게 살아서는 안 된다는 위대한 이념이 사람들 사이에 빠르게 퍼지기 시작한다. (『사회문제』)

신의 성육신成肉身(incarnation), 즉 하나님이 이 땅에 강림하시어 인간을 돕는다는 관념은 기독교만이 아니라 다른 위대한 종교에도 존재한다. 여기에는 교회에서 가르치는 것을 뛰어넘는 깊은 진리가 있다고 때때로 생각한다. 인간을 구원하고 해방하고 발전시키는 자는 언제나 그 자신이 겪는 고난 때문이 아니라, 다른 사람이 당하는 불의와 비참함을 보고 마음이 움직인 사람이라는 사실은 분명하다.

모세를 예로 들면, 그는 이집트의 온갖 학문을 다 배웠고 왕의 궁전을 자유로이 드나들 수 있었다. 지푸라기도 없이 흙벽돌을 만들어야 하는 노예도 아니었으나 이스라엘 백성을 속박의 집에서 인도해 나왔다. 그라쿠스 형제[11]를 예로 들면, 귀족 혈통에다 재산도 있었으나 나중에 로마가 멸망한 원인이 된 토지독점제도에 반대해 싸우다 죽었다. 이처럼, 압박받고 몰락하고 짓밟히는 사람이 해방되고 그 지위가 높아졌다면, 그것은 자신의 힘으로가 아니라 언제나 그들만큼 운명이 가혹하지 않았던 다른 사람들의 노력과 희생 때문이었다. 인간이 자신의 자연권을 철저히 빼앗길수록 그를 되찾을 수 있는 힘은 더 약해지기 때문이며, 도움이 많이 필요한 사람일수록 스스로를 돕기가 더 어렵기 때문이다. (『사회문제』)

인간 진보의 법칙*

사회를 배에 비유한다면 다음과 같다. 선원의 행위와 노력에는 배가 앞으로 나가게 하는 것과 그렇지 않은 것이 있다. 배에 들어온 물을 퍼낸다든지, 선원들끼리 싸운다든지, 다른 방향으로 배를 끌어당긴다든지 하면서 힘을 써버리면 배는 더디게 나간다.

사람이 따로따로 떨어져 살면 개인은 모든 힘을 생존을 유지하기 위해 다 들인다. 정신력은 사람들이 사회 속에서 서로 어울릴 때만 자유롭게 되어 높은 차원의 목적에 사용될 수 있다. 어울림은 분업을 가능하게 하고, 여러 사람이 협력할 때

---

* 인간 진보의 법칙은 평등 속의 어울림이다. 인간은 혼자 생활하는 것보다 서로 어울려 사회를 만들어 생활함으로써 더 발전할 수 있고, 또 서로 평등하게 어울릴 때 대립과 낭비를 줄일 수 있다.

생기는 경제성이 나타난다. 그러므로 어울림은 진보의 첫째 요소이다. 개선은 사람들이 평화롭게 어울릴 때 이루어지며 어울림이 넓고 긴밀할수록 개선 가능성이 더 커진다. 그리고 인간에게 평등한 권리를 부여하는 도덕법칙이 무시되느냐 존중되느냐에 따라 정신력이 대립 속에 낭비되느냐 아니냐가 결정되므로, 평등(또는 정의)은 진보의 둘째 요소이다.

이렇듯 평등 속의 어울림이 진보의 법칙이다. 어울림은 정신력을 자유롭게 해서 개선에 바칠 수 있도록 해준다. 또한 평등, 정의, 자유는 ― 이 세 용어는 도덕법칙을 존중한다는 의미에서 동일하다 ― 정신력이 쓸 데 없는 싸움에 소모되는 것을 막아준다. (『진보와 빈곤』)

인간 진보의 법칙은 도덕법칙이 아니고 무엇이겠는가? 정의를 촉진하고 권리의 평등성을 존중하며, 개인의 자유는 타인의 동등한 자유에 의해서만 제약되도록 하는 사회제도는 문명을 발전시킨다. 사회제도가 이렇지 못하면 문명의 발전은 중단되고 퇴보한다. 1천8백여 년 전 십자가에 못 박힌 그분이 가난한 어부와 유태인 농민에게 가르쳤던 단순한 진리 이상의 교훈을 정치경제학과 사회과학이 가르칠 수 없다. 이 단순한 진리는 이기심 때문에 변질되고 미신으로 왜곡될 수는 있지만, 인간의 영적인 열망을 담아내기 위해 애를 써온 모든 종교의 밑바닥에 존재한다고 생각한다. (『진보와 빈곤』)

　인간 행동의 근본 동기를 이기심이라고 보는 철학은 짧은 생각이다. 이러한 철학은 이 세상에 가득 찬 여러 사실을 외면한다. 이 철학은 현재도 모르고 과거의 역사도 읽어 보지 않은 사람의 견해이다. 사람을 움직이려면 무엇에 호소하는가? 돈에 호소하는 것이 아니라 애국심에 호소한다. 이기심에 호소하는 것이 아니라 이해심에 호소한다. 이기심은 강력하며 아주 큰 결과를 낳을 수 있기는 하지만, 비유하자면 기계적인 힘이라고 할 수 있다. 그러나 인간 본성에는 화학적인 힘처럼 녹이고 융합하고 감싸면서 모든 것을 가능하게 하는 무엇이 있다. "인간은 목숨을 위해서는 모든 것을 바친다"고 할 때는 사익을 말한다. 그러나 인간은 차원 높은 동기에 충실하기 위해 목숨까지도 바칠 수 있다.

　모든 민족의 역사에 많은 영웅과 성자가 출현하는 것은 이기심 때문이 아니다. 세계사의 갈피마다 고결한 행동과 자비로운 생활이 빛나는 것도 이기심 때문이 아니다. 석가가 왕궁을 떠나고, 오를레앙의 처녀(Maid of Orleans)[12]가 제단의 검을 빼어 들고, 테르모필레Thermopylae[13]의 3백 용사가 용기를 잃지 않고, 빙켈리트Arnold von Winkelried(?~1386)[14]가 가슴에 창 다발을 끌어안고, 뱅상 드 폴Vincent de Paul(1576~1660)[15]

이 쇠사슬에 묶여 노를 젓고, 인도에 기근이 들었을 때 어떤 어린이가 자신도 굶주리면서도 더 굶주린 아이를 안고 구호소로 찾아든 것이, 어느 하나 이기심에서 나온 일이 아니다. 종교, 애국심, 이해심, 인간성에 대한 열정, 하나님의 사랑 또는 그 밖의 무슨 이름으로 부르건 간에 여기에는 이기심을 극복하고 몰아내는 어떤 힘이 작용한다. 이것은 도덕세계에서의 전기電氣라고 할 수 있는, 무엇보다도 강력한 힘이다. 이것은 인간이 살았던 모든 사회에 존재했던 힘이고, 오늘날 사회도 여전히 이 힘으로 가득 차 있다. 주변을 둘러보라! 보통 사람들 가운데 일상생활의 근심과 고통, 시끄러운 거리의 소음, 궁핍에 빠져 있는 빈민가, 이 모든 어둠 속에는 반드시 이를 비추어주는 조용한 불빛이 있다. 이것을 보지 못하는 사람은 눈을 감고 길을 걷는 사람이다. 보려고 하는 자는 플루타르크 Plutarch(기원전 46?~120?)[16]가 한 다음과 같은 말을 이해할 수 있다. "인간에게는 자비의 원리가 있다. 인간에게는 인식하고 생각하고 기억하는 본성과 함께 사랑하는 본성도 있다."

우리에게 의욕만 있으면 이러한 진정한 힘은, 현재는 아무 쓸모가 없거나 잘못된 형태로 나타나고 있지만, 사회를 강하게 하고 사회를 건설해 나가고 사회를 고결하게 만드는 데 사용할 수 있다. 마치 한때는 파괴력만 갖고 있다고 생각했던 자연력을 지금은 유용하게 쓰고 있는 것과 같다. 우리는 단지 이 힘에 자유와 기회를 부여하기만 하면 된다. (『진보와 빈곤』)

　인간에게는 끊임없는 욕구가 생겨서 밖으로는 자연을 향하고 안으로는 자신을 향해서, 뒤로는 감도는 안개를 뚫고 과거를 향하고, 앞으로는 어둠 속의 미래를 향해서 탐구한다. 배부르면 나태해지는 동물과 이 점에서 다르다. 인간은 사물의 밑바닥에서 법칙을 찾는다. 지구의 생성과 별의 구조를 알려고 하며, 생명의 기원을 캐려고 한다. 그리고는 자신의 고상한 천품을 계발함에 따라 높은 차원의 욕구가 ─ 정열 중의 정열, 희망 중의 희망이 ─ 생긴다.
　인간은 이런 욕구의 도움으로 생활을 더 좋게 더 밝게 만들 수 있으며, 빈곤과 악 그리고 슬픔과 수치를 무찌를 수 있다. 인간은 동물을 정복하고 지배한다. 향연에 등을 돌리고 권좌도 마다한다. 다른 사람이 부를 축적하고 미각의 즐거움을 채우고, 짧은 날 따뜻한 양지쪽에서 출세를 하더라도 개의치 않는다. 자신이 본 적도 없고 보지도 못할 사람을 위해 일한다. 자신의 관에 흙이 덮인 뒤에야 나타날 수 있는 명예나 희소한 정의를 위해 일한다. 춥기만 하고 칭찬도 못 받으며 날카로운 돌과 굵은 가시가 즐비한 곳에서 선봉이 되어 고생을 한다. 다른 사람의 비웃음과 칼날 같은 비난 속에서 미래를 건설한다. 좁은 길을 개척해 언젠가 인간성이 진보할 때 넓은 길이 될 수 있도록 준비한다. 욕구는 더 높은 세계로 발전하고 더 큰 세계로 손짓하며, 동녘에 떠오르는 별이 인간을 계속 인도한다. 보라! 심장은 하나님을 동경해 고동치고, 마침내 인간이 천체의 운행을 도울 수도 있다! (『진보와 빈곤』)

풍요 속에서 인간을 괴롭히고 짐승처럼 만드는 빈곤, 그리고 빈곤 때문에 생기는 여러 가지 악은 정의를 부정하는 데에서 발생한다. 자연이 모든 사람에게 자유로이 베풀어준 기회를 개인이 독점할 수 있게 함으로써 우리는 근본적인 정의의 법칙을 무시했다. 우리가 아는 한, 큰 안목으로 보면 정의는 우주의 최고 법칙이기 때문이다.

그러나 이러한 부정의를 모두 없애고 모든 사람에게 자연의 기회에 대한 권리를 보장하면, 우리는 정의의 법칙에 순응하게 된다. 그에 따라 부와 권력의 분배에서 자연을 거스르고 불평등을 일으키는 큰 원인을 제거할 수 있다. 빈곤을 추방할 수 있다. 탐욕이라는 무자비한 욕망을 길들이고, 죄악과 비참의 근원을 없앤다. 어둠 속에 지식의 등불을 비춘다. 발명에 새로운 활력을 주고 발견에 신선한 자극을 준다. 정치적인 취약점을 보강하게 된다. 전제정치와 무정부주의를 방지하게 된다. (『진보와 빈곤』)

자유는 고귀하다*

　우리는 '자유'를 받든다. 자유를 상징하는 여신상도 세워 찬양한다. 그러나 우리는 자유를 충분히 믿은 적이 없다. 사회가 커지면 자유의 요구도 커진다. 자유는 어중간하게 끝내지 않는다! 자유! 이는 신비한 힘을 가진 단어이며, 공허하게 귀를 어지럽히는 단어가 아니다. 자유는 정의이고 정의는 자연법이며, 건강과 조화와 힘과 동지애와 협동의 법이다.

　세습적 특권이 타파되고 보통선거가 실시되면, 자유가 그 소임을 충분히 완수했다고 생각하거나 자유는 인간의 일상생활과 그 이상의 관계가 없는 존재라고 생각하는 사람이 있

---

* 자유는 모든 발전의 원동력이며, 미덕, 부, 지식, 발명, 국력, 국가 독립의 근원이고 어머니이자 필요조건이다.

다면 그 진정한 위대함을 모르는 사람이다. 이 사람들에게는 자유를 노래하는 시인이 광기에 어린 사람으로 보이며 자유의 순교자가 바보로 보일 뿐이다. 인간에게 자유는 생명과 빛의 주인인 태양과 같고, 구름을 뚫고 만물을 성장시키며 모든 움직임을 도와 차디찬 무생물에서 극도로 다양한 생명과 아름다움을 이끌어 내는 햇빛과도 같다. 사람들이 자유를 위해 노력하고 죽은 것이, 그리고 시대마다 자유의 증인이 일어서고 자유의 순교자가 고통받은 것이 단지 추상적인 개념을 위해서가 아니었다.

때때로 우리는 자유는 자유이고 미덕, 부, 지식, 발명, 국력, 국가의 독립은 별개인 것처럼 이야기한다. 그러나 자유는 이 모든 것의 근원이고 어머니이고 필요조건이다. 자유와 미덕은 빛과 색채의 관계와 같다. 자유와 부는 햇빛과 곡식의 관계와 같다. 자유와 지식은 눈과 보이는 대상의 관계와 같다. 자유는 발명의 천재이고 국력의 근육이며 국가 독립의 정신이다. 자유가 신장되면 미덕이 자라고 부가 증가하고 지식이 늘어나고 발명이 인간의 힘을 배가하며, 자유를 누리는 국가는 힘과 정신에서 다른 국가를 능가한다. 반면에 자유가 위축되면 미덕은 사라지고 부는 감소하고 지식은 잊혀지고 발명은 멈추며, 한때 무력이나 기술에서 융성했던 강대국이 자유로운 미개인에게 힘없이 멸망당한다.

자유라는 태양이 아직도 충분히 빛나지 못했지만, 모든 진보는 자유가 이룩한 결과이다. 이집트의 채찍 아래 굽실거리며 노예생활을 하던 유태인에게 자유가 나타나 속박의 집(House of Bondage)[17]에서 데리고 나왔다. 자유는 이들을 사막에서 단련해 정복민족으로 변화시켰다. 모세의 율법에 나타난 자유정신에 따라 유태 사상가들은 높은 경지에 도달해 유일신을 보았다. 그리고 유태 시인들은 영감을 받아 이 사상을 찬양하는 아주 빼어난 시를 남겼다. 자유가 페니키아 해안에 나타나자 페니키아인들은 헤라클레스의 기둥(Pillars of Hercules)[18]을 지나 미지의 바다를 항해했다. 자유가 그리스에 약간의 빛을 비추자, 대리석이 이상적인 아름다움의 형체로 변하고 언어는 미묘한 사상의 도구가 되었으며, 자유를 누리는 그리스 도시국가의 빈약한 의용군 앞에서 수많은 침략자가 바위 앞의 파도처럼 허물어졌다. 자유가 이탈리아 농부의 조그만 땅에 빛을 내리자 로마는 힘이 생겨 세계를 정복할 수 있었다. 자유의 빛이 게르만 투사의 방패에서 번쩍이자 아우구스투스 황제는 군대를 잃고 눈물을 흘렸다. 자유가 한동안 빛을 내지 않다가 다시 자유도시에 나타나자 과거의 학문이 되살아나고 현대문명이 시작되고 새로운 세계가 열렸다. 자유가 늘어나자 예술, 부, 힘, 지식, 문화가 따라서 자라났.

모든 나라의 역사에서 우리는 같은 진리를 읽을 수 있다.

영국이 크레시Crécy와 아쟁쿠르Agincourt[19] 지역을 손에 넣을 수 있었던 것은 대헌장에서 태어난 힘 덕분이다. 엘리자베스 여왕 치세의 영화는 튜더 왕조의 전제에서 자유가 되살아났기 때문이다. 미국에 강력한 나무의 씨를 뿌린 것은 전제군주를 끌어내린 정신 덕분이다. 스페인은 고대 자유의 힘이 통합되자 세계 최강국이 되었으나 전제정치가 자유를 억누르자 가장 허약한 나라로 전락하고 말았다. 프랑스에서도 지성의 활력이 17세기 전제정치 아래에서는 죽어갔으나 18세기의 빛나는 자유 속에서 다시 피어났다. 그리고 대혁명 당시 프랑스 농민이 참정권을 갖게 되면서 우리 시대에 맞설 상대가 없는 막강한 힘의 기초가 되었다.

그런데도 자유를 믿지 않을 수 있을까?

과거에도 그랬듯이 현대에도 숨은 세력이 불순한 의도로 법석을 부려 불평등이 생기고 자유가 파괴된다. 멀리 지평선에는 먹구름이 내려오려고 한다. 자유는 다시 우리를 부른다. 우리는 자유를 따라야 하며 완전히 믿어야 한다. 자유는 우리가 완전히 받아들이지 않으면 떠나 버린다. 사람들이 투표권을 갖는다든가 이론상 법 앞에 평등한 것만으로는 충분하지 않다. 사람들이 생활의 기회와 수단을 이용할 수 있어야 하고, 자연의 혜택을 동등하게 누릴 수 있어야 한다. 이렇게 하지 않으면 자유는 빛을 거두어 버린다! 이렇게 하지 않으면

암흑이 찾아오고, 진보의 결과로 생긴 힘이 파괴의 힘으로 변질되고 만다. 이것은 보편적인 법칙이다. 이것은 오랜 세월의 교훈이다. 정의에 기초를 두지 않는 사회구조는 지속되지 못한다. (『진보와 빈곤』)

지금이라도 우리가 정의의 여신에 복종하고 자유를 믿고 따른다면, 현재 사회를 위협하는 위험은 사라지고 사회에 해를 주는 세력은 발전의 주체로 변할 것이다. 오늘날 힘은 낭비되고 있으며, 개척해야 할 지식 분야는 아직도 무한하고, 놀라운 발명도 이제 겨우 시작되었다. 빈곤을 타파하면, 탐욕이 고결한 열정으로 변하면, 인간이 서로서로 미워하게 하는 질투와 두려움 대신 인류애가 평등에서 피어나면, 최하층민도 안락과 여가를 누리는 상황이 되어 정신력에 대한 속박이 풀리면, 우리 문명이 얼마나 높이 날아오를지 누가 측정할 수 있겠는가? 언어는 생각에 못 미친다! 이는 시인이 노래하고 예언자가 은유로 표현했던 황금시대이다! 이는 언제나 현란한 광선과 함께 다가왔던 그 영광의 이상(vision)이다. 이는 요한이 파트모스Patmos 섬[20]에서 황홀경에 빠져 감은 눈으로 보았던 바로 그것이다. 이는 기독교 정신의 극치이며, 땅 위에 실현되는 하나님의 나라로서 벽옥 담장과 진주 대문[21]을 가진 곳이다! 이는 평강平康의 왕(Prince of Peace)[22]이 다스리는 나라이다! (『진보와 빈곤』)

사회주의의 문제*

모든 유형의 사회주의는 문제를 뿌리까지 파고드는 근원적인 대책이 없다는 단점이 있다고 생각한다. (중략) 사회주의는 임금이 최저한도로 내려가는 경향을 자연법칙이라고 생각해 임금을 없애려고 한다. 사회주의는 경쟁의 자연스러운 결과 때문에 노동자가 몰락한다고 생각해 경쟁을 없애고 규제, 금지, 정부 권력 확대를 시도한다. 이렇게 사회주의는 결과를 원인이라고 착각하고 어린애처럼 돌에 부딪혔다고 돌을 나무라며 효과 없는 대책을 추구하느라 힘을 낭비한다.

사회주의가 여러 나라에서 민주적 열망과 연결되어 있기

---

* 사회주의의 이상은 좋지만 빈곤의 원인을 잘못 진단하고 있으며, 또 해결 수단으로 중앙집권적인 통제 방식을 사용한다는 문제를 안고 있다.

는 하지만 이는 이스라엘 백성이 선지자가 경고했는데도 왕을 요구했던 것과 본질적으로 같은 종류의 망상이다. 여러 나라에서 민주주의를 망치고 군주를 옹호하는 망상이다. 국민 위의 권력이 국민의 이익을 위해 사용될 수 있다는 망상이며, 개인의 일을 각자가 처리하는 것보다 더 현명하고 효율적으로 처리하는 기계를 만들 수 있다는 망상이다. (『노동자의 상태』)

사회주의는 원인을 찾는 노력을 하지 않고 결론으로 비약한다. 사회주의는 노동에 대한 압박은 자본의 성질에서 나오는 것이 아니라 노동을 토지에서 분리함으로써 노동에서 자본을 빼앗는 잘못에서 나온다는 점을 모른다. 그 때문에 자본화된 독점이 문제인데도 마치 자본 자체에 문제가 있는 것으로 착각한다. 또한 사회주의는 노동이 생산의 천연 원료를 자유롭게 이용할 수 있으면 자본이 노동을 압박할 수 없다는 사실을 모른다. 또 임금제도 그 자체는 서로 편의에서 비롯되며, 당사자 중 한쪽이 불확실한 수입보다는 안정된 수입을 원하는 경우에 서로 협동하는 한 가지 방식이라는 사실도 모른다. 사회주의는 이른바 "임금 철칙"은 임금의 자연법칙이 아니라 단지 생활과 일에 필요한 물질을 빼앗김으로써 무기력하게 된 부자연스러운 상황에서의 임금법칙이라는 사실을 모른다. 사회주의가 경쟁의 폐단이라고 하는 것은 실은 제한된 경쟁의 폐단이며, 이는 사람이 토지를 빼앗겼기 때문에 당하는 일방적인 경쟁 때문이라는 사실을 모른다. 사회주의의 방법, 즉 사람들을 산업군대로 조직하고 모든 생산과 교환을 정부나 준정부의 관료가 지시하고 통제하는 방법은, 만일 완벽하게 실시된다면, 마치 이집트의 전제정치와 같은 사회를 만들고 만다. (『노동자의 상태』)

사회주의의 이상은 위대하고 숭고하다. 또 실현 가능성도 있다고 생각한다. 그러나 이런 사회는 사람의 힘으로 되는 것이 아니라 자연스럽게 성장해야 한다. 사회는 기계가 아니라 유기체다. 사회는 사회를 구성하는 개인의 삶에 의해서만 지속된다. 각 개인의 자유롭고 자연스러운 발전 속에서 전체의 조화가 이루어진다. (『진보와 빈곤』)

자유로운 사회에서 자연스럽게 이루어지는 정도의 노동의 분업을 사회주의 이론에서처럼 외부의 지시에 따라 이루려는 사회가 있다고 생각해 보라. 이러한 경우에, 천사나 대천사가 있다고 해도 이들에게 일을 시킬 수는 없기 때문에, 어떤 사람을 뽑아 지시를 내리는 임무를 맡길 수밖에 없다. 권력을 맡길 사람을 뽑는 것은 언제 어디서나 어렵고, 다른 사람에 대한 명령권은 필연코 전제와 압제로 변하게 되지만 이런 점은 일단 무시하자. 설혹 딱 맞는 인물을 뽑았다고 하더라도 언제, 어디에서, 어떻게, 누가, 무엇을 하라는 명령을 내리는 임무가 ― 유능하게 지시를 내리는 임무 그리고 문명사회의 노동의 분업처럼 끝없이 복잡하고 계속해서 변화하는 관계를 감독하는 임무가 ― 얼마나 어려운지 생각해 보라. 이러한 임무는, 마치 인간의 신체를 건강하고 활기차게 유지하는 것이 그렇듯이, 의식적인 지시 능력을 훨씬 초과한다. (『정치경제학』)

사회주의는 우리 문명의 폐단이 자연스러운 관계가 적절하지 못하거나 조화롭지 못한 데에서 비롯된다고 보고, 이를 사람의 힘으로 조직하고 개선해야 한다고 생각한다. 그래서 산업 관계를 의도적으로 조직하는 책임, 마치 거대한 기계를 ― 수많은 부품을 가지고서 인간의 지시에 따라 적절하게 작동하는 기계를 ― 제조하는 것과 같은 책임을 국가에 지운다.

반면에 우리는 사회적이고 산업적인 관계를 기계로 인식하지 않는다. 우리는 이를 저절로 자라는 유기체로 인식한다. 그래서 자연법칙, 사회법칙 및 산업법칙에서 인간의 신체, 즉 인간의 지능으로 도저히 그 생명의 작용을 명령하고 지시할 수 없는 신체와 같은 조화를 본다. 이러한 사회법칙과 산업법칙은 도덕법칙과 너무나 긴밀한 관계를 갖기 때문에 두 법칙이 모두 하나님에게서 나온 것으로 이해한다. 그리고 인간의 지능만으로는 길을 찾지 못하는 경우에는 도덕법칙이 확실한 길잡이가 됨을 입증하는 것으로 생각한다. (중략)

신체라는 유기체와 사회라는 유기체가 비슷하다고 볼 수 있다면, 국가의 고유 기능과 인간 신체에서 의식적인 지능이 담당하는 기능이 비슷하다고 볼 수 있다면, 개인의 충동 및 이해관계의 작용과 인간 신체의 무의식적인 본능 및 의지적이지 않은 동작이 하는 기능이 비슷하다고 볼 수 있다면, 무정부주의자들은 머리 없이 살아 나가려는 사람과 같다. 그리고 사회주의자는 엄청나게 복잡하고 섬세한 신체 내부의 여러 관계를 의식으로 지배하려는 사람과 같다. (『노동자의 상태』)

자유무역론*

 다른 나라 사람들끼리 무역을 하는 이유는 국내 거래를 하는 이유와 같다. 이익이 되고 스스로 생산하는 것보다 노동을 적게 들이고 원하는 것을 얻을 수 있기 때문이다. (『보호무역과 자유무역』)

 다른 나라에서 수입하는 것을 막아서 국가를 번성하게 하려는 정책은 타인에게서 구매하는 것을 막아서 개인을 부유하게 하려는 것처럼 불합리하다. 개인의 경우에 이런 방식이 어떤 결과를 낳는가 하는 것은 아일랜드 토지 사태 때의 이른

---

* 헨리 조지는 지대 공유 말고도 자유무역도 강력하게 주장했다. 당시 미국에서 국내 산업을 보호한다는 명목으로 고율의 관세를 부과했는데, 이러한 정책은 특권층에게만 이익을 준다고 비판했다.

바 "보이콧"이 좋은 사례다. "보이콧"이라는 동사는 불명예스럽게도 보이콧이라는 지주의 이름에서 유래되었는데, 이는 사실상 완벽한 "보호"와 같다. 아일랜드 토지연맹은 보이콧이 사는 주변 지역에 의회의 법률보다 더 효과적인 봉쇄령을 내려 그가 전혀 거래를 못하게 막았다. 그 결과 가장 능률적인 보호관세를 실시한 것처럼 되었다. 아무도 보이콧에게 노동을 제공하지 않았고, 아무도 그에게 우유, 빵, 고기, 기타 어떤 상품도 팔지 않았다. 그런데 이렇듯 철저하게 보호를 받은 보이콧은 자신의 생산물을 위해 자신의 시장이 보호를 받는데도 돈을 벌기는커녕 도망가고 말았다.

보호무역주의자의 주장은 우리 국내시장을 국내 생산자를 위해 유보하자는 것이다. 이것은 아일랜드 토지연맹이 보이콧에게 한 것을 우리 자신에게 하자는 것이다. 즉 우리 자신을 대상으로 보이콧 하자는 것이다. (『보호무역과 자유무역』)

무역은 침입이 아니다. 무역은 침략과 방어의 관계가 아니라 서로 동의하고 만족하는 관계이다. 마치 양쪽의 의견 차이가 없으면 말싸움이 안 되는 것처럼 서로 합의하지 않으면 무역을 할 수 없다. 영국이 중국에, 미국이 일본에 무역을 강제했다고 하지만 실제로는 그 나라 국민에게 무역을 강제한 것이 아니라 정부에게 국민이 무역할 수 있도록 허용하라고 한 것이다. 국민이 무역을 원하지 않았다면 개항을 해도 아무 소용이 없었을 것이다. (『보호무역과 자유무역』)

무역에는 강제력이 필요 없다. 자유무역이란 단지 사람들이 원하는 대로 사고파는 것이다. 그러나 보호무역의 경우에는 사람들이 원하는 대로 행동하는 것을 막아야 하기 때문에 강제력이 필요하다. (『보호무역과 자유무역』)

사람에게 필요한 물자를 지구의 어느 지점에서나 똑같이 생산할 수 있다면 동물로서의 인간에게는 더 편리할 것이라고 생각할 수 있다. 하지만 그랬다면 인간이 어떻게 동물의 수준을 넘어 상승할 수 있었겠는가? 사회 발전의 역사를 보면, 과거나 현재나 상업이 문명과 교육을 촉진했음을 알 수 있다. 토지의 능력은 지구의 모든 곳에서 끝없이 다양하기 때문에 생산물의 교환이 일어나며, 이는 고립을 막고 편견을 깨고 지식을 늘리고 사고를 넓히는 데 크게 기여한다. 자연이 다양해지면 — 우리가 자연력에 대해 더 많이 알게 될수록 다양성은 더욱 커지는 것으로 보인다 — 사회 발전과 더불어 개인과 사회의 취향이 다양해질 때처럼 숨은 능력을 일깨우고 기쁨을 준다. 이 능력과 기쁨은 인간이 끝없이 토끼풀로 덮인 목초지에 사는 소와 같은 환경에서 살아갈 때 결코 얻을 수 없을 것이다. 우리가 관세를 무기 삼아 대항하고 있는 "하나님의 국제법"은 — 인간의 이기적인 편견은 얼마나 근시안적인가? — 정신과 도덕의 진보를 자극하는 법이고, 문명의 원동력이 되는 법이다. (『사회문제』)

자유무역은 논리로 따져볼 때 세관을 폐지하는 데서 그치지 않는다. 국제무역만이 아니라 국내 거래에도 적용해야 한다. 진정한 자유무역이 되려면 물자의 구매, 판매, 수송이나 교환, 각종 영업 행위에 부과하는 모든 내국세를 없애야 한다. 물론 공공의 안전, 보건, 도덕의 관점에서 부과하는 조세는 제외한다. 이처럼 진정한 자유무역을 채택하면 모든 종류의 간접세가 없어져 모든 재정 수입은 직접세에 의존하게 된다.

그러나 이것이 전부가 아니다. 앞에서 보았듯이, 무역이란 생산의 한 가지 방식이고, 무역의 자유화는 생산의 자유화라는 점에서 이익이 된다. 그러므로 귀중한 물자를 수입함으로써 국가의 부를 증가시키는 행위에 대해 조세를 부과해서는 안 되는 것과 같이, 국내에서 귀중한 물자를 생산함으로써 국가의 부를 증가시키는 행위에 대해서도 조세를 부과해서는 안 된다. 이처럼 자유무역의 원리는 모든 간접세만이 아니라 노동의 생산물에 부과되는 모든 직접세까지도 없애야 함을 의미한다. 간단히 말해서 생산물의 소유와 소비 등 생산 의욕을 촉진하는 자연적 원인이 완전하게 발휘되도록 해주어야 한다. 그러기 위해서는 노동의 산물인 부의 생산, 축적, 보유에 대해 세금을 매기지 말고 모든 사람이 자유롭게 교환하고, 증여하고, 지출하고 상속할 수 있게 해주어야 한다. (『보호무역과 자유무역』)

중농학파는 진정한 의미의 자유무역론자였다. 아담 스미스를 추종했던 영국의 자유무역론자도 중농학파에는 미치지 못했다. 중농학파의 구체적인 개혁안인 단일세는 자유무역 원리의 완전한 논리적 결론에 ― 무역에서의 자유만이 아니라 모든 형태의 생산에서의 자유, 모든 생산에 필수적인 자연요소의 사용에 관한 완전한 자유에 ― 도달할 수 있는 유일한 방법이다. 중농학파는 "Laissez faire!" 즉 "방임하라!"라는 말의 원조인데, 이 말은 영어 사용권에서 아주 잘못 사용되고 있다. 이 말은 원래는 "Laissez faire, Laissez aller!" 즉 "길을 열어주고 방임하라!"에서 나온 것으로, 그 기원은 중세 시합에서 싸움의 시작을 알리는 신호였다고 한다. 이 프랑스 말의 정신에 가장 가깝게 표어를 만들면 "특혜 없는 공정한 사회(A fair field and no favor)" 정도가 되지 않나 생각한다. (『정치경제학』)

3부

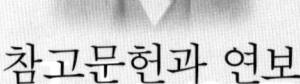

참고문헌과 연보

『사회문제 Social Problems』는 1883년에 출간되었는데, 『진보와 빈곤』의 속편의 성격을 갖고 있다. 헨리 조지는 노동과 기술의 생산력을 활용하고 부의 불평등한 분배를 개선하려면, 토지에 대한 평등권을 보장해야 하며 그 최선의 방법은 지대 환수라고 주장했다. 『보호무역과 자유무역 Protection or Free Trade』은 1886년에 출간되었는데, 헨리 조지는 보호주의와 자유무역의 여러 근거와 찬반론을 검토한 뒤 자유무역이 노동자의 이익과 일치한다는 결론을 이끌어냈다. 그러나 헨리 조지가 바람직하다고 본 자유무역은 동시에 공정한 무역이었으며, 자유무역의 혜택이 장기적으로 모든 국민에게 골고루 돌아가려면 지대 환수가 필요하다고 했다. 『정치경제학 The Science of Political Economy』은 헨리 조지가 사망한 다음 해인 1898년에 출간되었는데, 경제학의 전체 범위를 교과서 형식으로 다루었다. 이런 특성 때문에 경제학 전공자들에게는 『진보와 빈곤』보다 오히려 이 책이 더 큰 관심의 대상이 되기도 한다.

헨리 조지의 다른 저작

이 책의 끝 부분에 실린 연보에서도 보듯이, 헨리 조지는 일생 동안 수많은 저서, 책자, 연설문, 언론 기사를 집필했다. 그의 출세작이자 대표작은 단연 『진보와 빈곤』이지만, 대표작 세 권을 더 꼽으라면 다음 책이 될 것이다. 각각에 대해 간략하게 소개한다.

『사회문제』, 1883.
『보호무역이냐 자유무역이냐』, 1886.
『정치경제학』, 1898.

『사회문제 Social Problems』

이 책은 『진보와 빈곤』을 출간한 뒤 겨우 4년 만인 1883년에 나온 책으로서, 속편의 성격을 가지고 있다. 헨리 조지 자신도 서문에서 이렇게 밝히고 있다. "『진보와 빈곤』에서 말하지 않았거나 가볍게 스쳐간 문제를 이 책에서 다루었다."

헨리 조지는 『진보와 빈곤』으로 짧은 기간에 유럽과 미국에서 저명인사가 되었다. 『진보와 빈곤』과 자신에게 쏟아지는 사회의 관심을 배경으로 해서 빈곤 문제를 일반 국민이 좀 더 친근하게 알 수 있도록 집필한 책이 『사회문제』이다. 모두 22개 장으로 구성되어 있는데, 처음 13개 장이 당시 유명 주간지였던 「레슬리 신문Frank Leslie's Illustrated Newspaper」에 연재되었다.

그러나 헨리 조지의 글이 「레슬리 신문」에 연재되자 엄청난 논쟁이 일어났다. 심지어 이 글을 실은 「레슬리 신문」조차도 사설을 통해 비판하는 자세를 보여 결국 연재를 끝내지 못했다. 헨리 조지는 이미 신문에 발표된 13개 장에 8개 장을 추가해 단행본으로 출판했다. 이 책의 결론인 제22장에 다음과 같은 문구가 나타는 것도 이러한 사정과 무관하지 않다.

> 사회개혁은 소란과 고함으로, 불평과 비난으로, 정당 결성이나 혁명 추진으로 달성되는 것이 아니라 생각의 각성과 사상의 진

보로 달성된다. 올바른 생각이 없으면 올바른 행동이 나올 수 없고, 올바른 생각이 있으면 반드시 올바른 행동이 나온다. 힘은 언제나 대중의 손에 있다. 대중을 억압하는 것은 그 자신의 무지이며 그 자신의 근시안적 이기심이다.

헨리 조지는 이 책에서 당시 여러 가지 심각한 사회문제를 거론하면서 그 해결책을 제시했다. 이 책의 핵심 메시지도 『진보와 빈곤』처럼 노동과 기술의 생산력을 활용하고 부의 불평등한 분배를 개선하려면 토지에 대한 평등권을 보장해야 하며, 그렇게 하는 가장 좋은 방법은 지대 환수라는 것이다.

이 책은 헨리 조지 특유의 사회정의에 대한 열정, 명료하고 강력한 지적인 능력을 유감없이 드러내준다. 또 헨리 조지의 미래 예지력도 보여주고 있다. 예를 들면, 미국의 서부 개척이 끝나면 주택과 일자리가 부족해질 것이고, 또 미래에 초국적 기업, 기업농, 환경오염이 일어날 것을 예견하기도 했다.

『보호무역과 자유무역 Protection or Free Trade』

보호관세 문제는 1830년대부터 미국의 중요한 정치 쟁점이었다. 공화당은 보호관세에 찬성했고 민주당은 반대했으며, 대통령 선거 때마다 중요 쟁점이 되곤 했다. 특히 1880년대 초부터 수입이 증가하자 보호관세를 통해 국내 산업을 보호해야 한다는 요구가 거세지는가 하면, 연방정부의 관세 수입이 늘어나면서 관세를 줄여서 재정 흑자를 시정해야 한다는 목소리도 높았다.

1860년에 링컨 대통령이 취임한 이래 보호관세에 우호적인 공화당이 계속해서 정권을 잡았다. 그러나 1884년에는 정권이 바뀌어 민주당의 클리블랜드 대통령이 취임하면서 관세 인하와 자유무역에 대한 낙관적인 분위기가 조성되었다. 이런 사회 상황에서 헨리 조지는 자유무역에 대한 사회의 관심을 높이기 위해 『보호무역과 자유무역』의 집필을 시작했고, 2년 뒤 1886년에 출간했다.

당시 미국에는 보호관세를 통해 국내 산업을 보호해야 하며 또 그래야만 국내 노동자의 일자리가 보장되고 소득 수준이 유지될 수 있다는 견해가 많았다. 노동자의 빈곤 문제를 일생의 화두로 삼고 살았던 헨리 조지 자신도 초기에는 보호관세가 노동자에게 유리하다는 세론을 막연히 받아들였지만, 스스로 이 문제를 검토한 다음에는 견해를 바꾸었다고 한다.

헨리 조지는 이 책에 보호관세와 자유무역에 대해 자신이 검토한 결과를 자세히 담고 있다. 서문에서 헨리 조지는 이 책의 성격을 이렇게 묘사했다. "보호주의와 자유무역 중 어느 쪽이 노동자의 이익과 일치하는가를 판단해서 정말로 임금의 상승을 원하는 사람에게 하나의 공통된 결론을 제시하는 것이 이 책의 목적이다."

이런 목적을 위해 보호주의와 자유무역의 여러 가지 근거와 찬반론을 검토한 뒤 자유무역이 노동자의 이익과 일치한다는 결론을 내렸다. 보호주의는 일부 기업주에게만 부당한 혜택을 줄 뿐이며, 자유무역을 해야 노동자와 산업 전반에 이익이 된다고 했다. 또 국내의 발달하지 않은 산업에 대해 일시적인 보호가 필요하다면, 관세가 아닌 정부 보조금으로 해결하는 것이 옳다고 했다.

그러나 헨리 조지는 여기에서 그치지 않고 자신의 토지 사상을 덧붙였다. 자유무역이 노동자층에 미치는 긍정적인 효과는 잠깐 동안이며, 오랜 기간을 놓고 보면 대체로 토지 소유자가 유리해진다는 것이다. 헨리 조지에 따르면, 자유무역을 통해 사회가 발전하면 그 이익의 상당 부분이 지대 상승으로 나타난다. 그런데 현재와 같은 토지사유제에서는 토지 소유자가 그 지대 상승액을 불로소득으로 차지한다. 따라서 토지 소유자를 뺀 국민 일반은 모두 패자가 된다. 그러므로 헨리 조지는 자유무역의 혜택이 오랫동안 모든 국민에게 골고루 돌아가려면 지대를 환수하는 것이 필요하다고 했다.

헨리 조지가 바람직하다고 본 자유무역은 동시에 공정한 무역이어야 한다. 오늘날 WTO(세계무역기구) 체제와 FTA(국가 간 자유무역협정)를 통해 자유무역의 물결이 우리나라에도 거세게 밀어닥치고 있다. 이 책은 자유무역이 왜 필요한지 그리고 자유무역은 어떤 조건이 충족되어야 정말로 자유롭고 공정한 무역이 되는지를 알려준다. 이 점에서 출간한 지 백여 년이 지난 오늘날 우리에게도 여전히 큰 의미를 갖는다.

『정치경제학 The Science of Political Economy』

이 책은 1891년에 집필을 시작했으나, 헨리 조지가 사망한 다음 해인 1898년에야 출간되었다. 이 책의 출간을 주선한 아들 헨리 조지 2세가 쓴 서문에 따르면, 아버지가 살아 있었더라면 약간 더 보충할 부분이 있었겠지만 이 상태로도 핵심은 다 들어 있다고 한다.

작성일이 1894년 3월 7일로 되어 있는 저자 서문이 미완성 초고의 형태로 책에 실려 있는데, 여기에 이런 구절이 나온다. "『진보와 빈곤』은 정치경제학의 모든 영역을 다 다루지 않았으며, 그 당시에는 그럴 시간 여유도 없었고 또 그럴 필요도 없었다." 또 도입부에는 이런 말이 나온다. "이 책에서 정치경제학의 주요 원리를 분명하고 체계적인 모습으로 제시하려고 한다." 이런 구절을 통해 볼 때 『진보와 빈곤』의 주장을 더욱 학문적으로 완전하고 치밀하게 제시하기 위해 『정치경제학』을 집필한 것으로 보인다.

이런 집필 의도는 책의 차례에서도 확인할 수 있다. 도입부 외에 모두 5편으로 구성되어 있다. 제1편 정치경제학의 의미, 제2편 부의 성격, 제3편 부의 생산, 제4편 부의 분배, 제5편 화폐로 되어 있어, 경제학의 전 범위를 교과서 같은 형식으로 다루었음을 알 수 있다. 이런 특성 때문에 경제학 전공자들에게는 『진보와 빈곤』보다 오히려 이 책이 더 큰 관심의 대상이 되기도 한다.

    이 책의 메시지는 다른 저서와 다르지 않다. 즉 자유는 발전의 원동력이고 진정한 자유를 위해서는 지대를 사회가 환수해야 한다는 것이다. 그러나 교과서 형식인 만큼 용어 정의가 더 치밀하고, 경제법칙을 분명한 문장으로 제시하고 있으며, 학문적 방법론에 대해서도 상당히 많이 설명하고 있다. 학자로서의 헨리 조지를 이해할 수 있는 좋은 텍스트이다.

지공주의 자료 및 기관 안내

헨리 조지와 지공주의에 대해 더 알고 싶은 독자를 위해 중요한 문헌, 자료, 단체 들을 안내한다.

중요 국내 문헌

Henry George, *Progress and Poverty*, 1879. (김윤상 옮김, 『진보와 빈곤』, 비봉출판사, 1997.)
김윤상, 『알기 쉬운 토지공개념』(개정판), 경북대출판부, 2006.
    첫째 책은 헨리 조지의 대표작 『진보와 빈곤』의 완역본이다. 완역본 외에 축약본도 1989년에 도서출판 무실에서, 2002년에 도서출판 진리와자유에서 출간되었다. 둘째 책은 지공주의에 대해 처음 관심을 갖게 된 독자를 위한 입문서로 알맞다.

대천덕, 전강수, 홍종락 옮김,『토지와 경제정의』, 홍성사, 2003.

전강수, 한동근,『토지를 중심으로 본 성경적 경제학』, CUP(기독교대학 설립 동역회 출판부), 1999.

이풍,『모두가 살맛나는 약속의 땅을 향하여』, 도서출판 진리와 자유, 1998.

Robert V. Andelson and James M. Dawsey, *From Wasteland to Promised Land: Liberation Theology for a Post-Marxist World*, Shepheard-Walwyn, 1992. (기독교경제학연구회 옮김,『새로운 해방의 경제학』, CUP, 1996.)

위의 네 책은 기독교 관점에서 쓴 책으로 기독교인을 위한 지공주의 입문서라고 할 수 있다. 특히 대천덕 신부의 책은 사회정의에 관심을 두는 기독교인에게 큰 감화를 주고 있다. 안델손Andelson의 책은 해방신학의 문제와 한계를 지적하고 지공주의가 진정한 해답임을 보여주는 책이다.

김윤상,『토지정책론: 토지사유제에서 지대조세제로』, 한국학술정보, 2002.

이정우 외,『헨리 조지: 100년 만에 다시 보다』, 경북대출판부, 2002.

이 두 책은 지공주의에 대한 기본적인 이해를 넘어 좀 더 수준 높은 학술 연구를 원하는 독자에게 권하고 싶은 책이다.『토지

정책론: 토지사유제에서 지대조세제로』는 단독 저서로서 교과서 체계로 되어 있다. 반면에 『헨리 조지: 100년 만에 다시 보다』는 기독교경제학연구회(일명, 헨리조지연구회)가 10년 동안 공동 연구를 하면서 집필한 논문집이다.

중요 외국 문헌

Robert V. Andelson, *Land-Value Taxation Around the World*, 3rd. ed, Blackwell Publishers, 2000.

이 책은 지대조세제나 일반적인 토지세제가 세계 여러 나라에서 어떤 모습으로 실현되고 있는지를 종합해서 소개한 책이다.

Robert V. Andelson, ed, *Critics of Henry George*, 2nd ed., Malden: Blackwell Publishing, 2003.

헨리 조지에 대한 여러 비판을 소개하고 그에 대해 논평하는 논문을 모아 놓은 책이다. 헨리 조지 사상과 그에 대한 반대론을 깊이 이해하려면 꼭 읽어야 한다.

Mason Gaffney and Fred Harrison, eds, *The Corruption of Economics*, Shepheard-Walwyn, 1994.

왜 학계에서 헨리 조지의 경제학을 무시해 왔는지에 대한 학설사적인 고찰이다. 토지와 자본의 사유를 주장하는 자본주의와 양자의 공유를 주장하는 사회주의가 20세기를 지배함으로써 학문에서도 그 종합에 해당하는 지공주의가 설 땅을 잃고 말았다는 내용이다.

Fred Harrison, *The Power in the Land: Unemployment, the Profits Crisis and the Land Speculator*, Universe Books, 1993.

헨리 조지의 토지 사상의 정당성을 각 나라의 역사적 사례로 입증하는 책이다. 저자는 영국의 저명한 지공주의자이며, 옛 소련이 무너질 때 러시아에서 토지를 팔아치우지 말고 지대를 제대로 환수하는 공공임대제를 채택하도록 하기 위해 많은 노력을 했다.

Nicolaus Tideman, ed, *Land and Taxation*, Shepheard Walwyn, 1994.

헨리 조지의 토지 사상을 오늘날의 시각으로 음미하는 내용이다. 미국의 대표적인 지공주의 경제학자인 Mason Gaffney, Nicolaus Tideman, Fred Foldvary 의 글이 들어 있다.

Kenneth C. Wenzer, ed, *Land-Value Taxation: The Equitable and Efficient Source of Public Finance*, Robert Schalkenbach Foundation, 1997.

헨리 조지와 지대조세제를 주제로 하는 대표적인 논문 20편을 집대성한 책이다.[23]

지공주의 학술지로는 「The American Journal of Economics

and Sociology」가 있다. 지공주의자가 주축이 되어 1941년에 창간되었으며, 일반 논문과 함께 지공주의 관련 논문을 싣고 있다.

중요 전기

Charles Albro Barker, *Henry George*, Robert Schalkenbach Foundation, 1991, 1955.
  가장 충실한 대표적 전기로 손꼽힌다. 7백 쪽 가량의 방대한 저서다.

Agnes George de Mille, *Henry George: Citizen of the World*, Westport, Conn.: Greenwood Press, Publishers, 1950.
  3백 쪽이 안 되는 비교적 짧은 전기이며, 저자는 헨리 조지의 외손녀이자 저명한 무용가이다.

Henry George Jr, *The Life of Henry George*, Robert Schalkenbach Foundation, 1960.
  Barker의 전기 다음으로 내용이 풍부한 전기다. 저자는 헨리 조지의 아들이며 하원의원을 역임했다.

지공주의 단체 안내

우리나라에 있는 지공주의 단체로는 일반 시민단체로 "토지정의시민연대"(http://www.landjustice.or.kr)가 있다. 기독교 단체로서 "성경적 토지정의를 위한 모임"(http://www.land.kimc.net, 줄여서 성토모)이 있다. 성토모 홈페이지에는 지공주의에 관한 자료가 많고, 이곳을 통해 지공주의자들의 토론과 정보 공유가 활발하게 이루어지고 있다.

미국에는 지공주의 단체가 많다. 헨리 조지 사상을 교육하는 단체로는 Henry George School of Social Science (http://www.henrygeorgeschool.org)가 있다. Bannecker Center for Economic Justice (http://www.proress.org)는 여러 지공주의 단체를 연결하는 네트워크를 제공한다. 지공주의 연구소로는 하버드 대학 인근에 있어 이 대학과 협력 관계를 맺고 있는 Lincoln Institute of Land Policy (http://www.lincolninst.edu)가 유명하다.

영국에서는 Henry George Foundation (http://www.henrygeorge.org.uk)가 활발하게 움직이며, 호주는 Prosper Australia, Inc. (http://www.prosper.org.au)가 대표적인 운동단체다. 그 밖에도 여러 나라에 많은 단체가 있으며, 대부분 위에서 예시한 웹사이트에서 연결하면 검색할 수 있다.

헨리 조지 연보

1839년(출생)

9월 2일, 미국 필라델피아에서 영국계 부모의 열두 남매 중 둘째로 태어났다. 부모는 독실한 복음주의적 신앙인이었다. 아버지는 교회 관련 책자를 펴내는 영세한 출판업자였고, 어머니는 전직 교사였다.

1852년(13세)

중학교에 입학했으나 아버지의 사업이 기울어 5개월 만에 자퇴하고, 도자기 가게와 해상보험 사무소에서 심부름을 하면서 돈을 벌어야 했다. 그러나 퀘이커도서관을 열심히 드나들며 책을 많이 읽었고, 프랭클린 기념관에서 열리는 과학 강좌에도 참석했다. 친구들과 토론회를 만들어 다양한 주제에 대해 열렬히 토론했다.

1855년(16세)

선원이 되어 호주와 인도까지 항해하면서 관찰력이 성숙해지고, 가난과 전제권력의 희생자에 대한 동정심이 깊어졌다. 항해를 마치고 필라델피아에 돌아왔을 때, 미국 동부 쪽은 살기가 더 어려워졌기 때문에 여객선의 승무원으로 취업해 마젤란 해협을 지나 샌프란시스코로 이주했다. 그러나 서부해안 쪽도 경제 불황이 휩쓴 직후여서 가게, 광산, 인쇄소, 방앗간, 농장에서 온갖 일을 했다.

1858년(19세)

캘리포니아의 프레이저 강에서 사금을 채취하다가 실패했다.

1860년(21세)

성년이 되자 곧바로 인쇄노동조합에 가입했다. 호주에서 태어났고, 부모를 여의고 부유한 삼촌 밑에 자라면서 로스앤젤레스의 수녀원 학교에 다니던 17세의 애니 팍스와 연애를 했다. 팍스는 집안에서 결혼을 반대하자 1861년에 집을 나와 결혼식을 올렸다. 조지는 새크라멘토 신문사 인쇄 부서에서 일했으나 3년 뒤 상사와 불화가 생겨 그만두었다.

1862년(22세)

맏아들인 헨리 조지 주니어Henry George, Jr가 태어났다.(그는 나중에 하원의원이 되었다.) 이듬해 샌프란시스코로 돌아가서 절망적인 가난의 세월을 보냈다.

1865년(26세)

가난이 극에 달했던 시기로, 둘째 아들(Richard Fox George)이 태어났다.(그는 나중에 저명한 조각가가 되었다.) 둘째 아들이 태어난 날, 이웃 사람이 준 빵 한 덩이 말고는 집 안에 먹을 것이 전혀 없었기 때문에, 해산한 아내를 위해 구걸을 했다. "너무 절망적인 상태였기 때문에, 만일 그 사람이 돈을 주지 않았다면 살인을 할 수도 있었다"고 뒷날 회상했다. 이때 빈곤을 경험한 것이 그의 정신과 생애에 큰 영향을 미쳤다. 일간지 인쇄 부서에 일하면서 간간이 글을 싣기 시작했다. 링컨 대통령 피살 소식에 격분해 신문「알타 캘리포니아」에 기고한 글이 편집자의 인정을 받아 보수를 받는 기자가 되었다.

1866년(27세)

셋째 아이이자 맏딸(Jane Teresa George)이 태어났다. 샌프란시스코 「타임즈」의 기자를 지냈다. 1867년에 편집국장이 되었으나 1868년 사직했다.

1868년(29세)

반년 동안 샌프란시스코 「헤럴드」의 뉴욕 특파원을 지냈다. 번영하는 뉴욕에서 극도의 사치와 지독한 빈곤이 공존하는 현실을 보고 충격을 받아, 진보 속에 빈곤이 존재하는 원인을 찾아 이를 제거하는 일에 헌신하기로 결심했다.

1871년(32세)

팸플릿 「우리 토지와 토지정책 Our Land and Land Policy」을 발간했다. 이 내용은 나중에 『진보와 빈곤』으로 발전되었다. 샌프란시스코 「이브닝 포스트」를 창간해 4년간 편집인으로 일했다. 정치적으로 독자 노선을 취하면서 부정부패를 과감히 고발해 성공을 거두었다. 이 신문 때문에 여러 차례 용기를 발휘해야 했는데, 원생을 잔인하게 다루는 소년원 관계 기사 때문에 원장이 권총을 휘두르기도 했고, 도박업계와 유착관계를 맺고 있던 경찰서장에 대한 보도 때문에 경찰서장의 부하가 권총으로 위협하기도 했다.

1877년(38세)

『진보와 빈곤』을 집필하기 시작했다. 막내딸(Anna Angela George, 유명한 안무가 Agnes de Mille의 어머니)이 태어났다. 『우리의 토지와 토지정책』을 주제로 한 친구들의 모임은 나중에 '캘리포니아 토지개혁연맹'을 결성했는데, 이 연맹은 헨리 조지의 사상을 세상에 널리 알리려고 한 첫 조직이었다.

1879년(40세)

『진보와 빈곤』을 탈고하고 벅찬 감동에 휩싸여 눈물을 흘렸다. 처음에는 출판사에서 거부당해 자비 출판했으나 그 뒤 폭발적인 주목을 받아 4년간 영미 두 나라에서만 수십만 부가 팔렸다. 10여 개국의 언어로 번역이 되고, 19세기 말까지는 영어로 쓰인 논픽션 분야에서 성경 다음으로 많이 팔린 책이 되었다.

1881년(42세)

샌프란시스코에서 뉴욕으로 이사했다. 『아일랜드의 토지문제 The Irish Land Question』를 출간했다. 이 책은 뒤에 『토지문제 The Land Question』로 제목을 고쳤다. 뉴욕의 아일랜드계 최대 신문인 「아이리쉬 월드Irish World」의 특파원으로 아일랜드와 영국에 파견되어 1년 간 강연 등을 통해 수많은 청중을 열광시키고 영향력 있는 지지자도 얻었다. 아일랜드 골웨이Galway에서 영국 당국이 위험인물로 지목해 두 차례나 체포되고 잠시 투옥되기도 했다.

1883년(44세)

『사회문제 *Social Problems*』를 출간했다.

1884년(45세)

영국 토지개혁연맹의 초청으로 영국에서 강연 여행을 했다. 토지개혁연맹 회원이고 사회주의자인 챔피온H. H. Champion과 프로스트P. B. Frost가 토지의 공유뿐만 아니라 자본의 공유를 주장할 것을 요구했으나 거부했다. 런던을 비롯한 영국 각지에서 웅변적 연설로 청중의 큰 호응과 박수를 받았다. 동시에 아가일 공작(Duke of Argyll)으로부터 "샌프란시스코의 선지자"라고 조롱을 받기도 했다. 그러나 헨리 조지는 '선지자' 라는 표현을 오히려 자랑스럽게 받아들였다. 옥스퍼드 대학에서 한 강연회에서 마샬 Alfred Marshall과 논쟁을 벌였다. 토지 문제가 심각했던 스코틀랜드로 가서 글래스고Glasgow 시청 앞에서 두 차례 연설을 했다. 첫 번째 연설을 마치자 약 5백 명이 남아서

'스코틀랜드 토지회복연맹(Scottish Land Restoration League)'을 결성했고, 두 번째 연설이 끝나자 가입자가 2천 명으로 불어났으며, 에딘버러Edinburgh, 던디Dundee, 애버딘Aberdeen, 인버니스Inverness 등지에 지부가 설립되었다.

1886년(47세)

미국 최대 도시인 뉴욕과 미국 전체에 지공주의를 전파하고 대변하기 위한 목적으로 165개 노동조합으로 결성된 연합노동당(United Labor Party)의 추대를 받아 뉴욕 시장에 출마했다. 민주당의 애브람 휴윗Abram S. Hewitt, 공화당의 루즈벨트Theodore Roosevelt와 대결해 휴윗에 이어 2등을 했다. 당시 정치가 부패해서 "투표에 이기고 개표에 졌다"는 평이 있다. 관세 철폐와 자유무역을 역설한 『보호무역과 자유무역 Protection or Free Trade』을 출간했다. 주간지 「스탠더드Standard」를 창간해 1890년까지 일했다. 이 잡지는 토지가치 단일세, 완전 자유무역, 호주형 자유선거를 주장했다.

1889년(50세)

유럽 강연 여행. 스코틀랜드의 글래스고에서 "하나님의 나라가 임하옵소서!(Thy Kingdom Come)"라는 유명한 연설을 했다. 런던에서는 마르크스주의자인 하인드먼과 토론을 벌였다.

1890년(51세)

호주와 뉴질랜드에서 강연 여행. 뉴질랜드에서 수상 재직 당시(1877~1879) 지대조세제를 도입하기 위한 초석을 닦은 정치인 조지 그레이George Grey 경의 환대를 받았다. 석 달 간의 호주 방문도 대성공이어서 수십 차례 한 강연에는 언제나 열성적인 청중이 가득했다.

1891년(52세)

교황의 회칙回勅인 「노동헌장Rerum Novarum」에 반대해 『노동의 상태, 교황 레오13세께 드리는 공개서한 *The Condition of Labor, an Open Letter to Pope Leo XIII*』을 출간했다.

1892년(53세)

『갈피를 잃은 철학자 *A Perplexed Philosopher*』를 출간했다. 이 책은 허버트 스펜서Herbert Spencer의 『사회정학 *Social Statics*』개정판을 비판한 것이다. 스펜서가 처음에는 토지 사유에 반대했다가 개정판에서 견해를 바꾸자 헨리 조지는 분개해 이 책을 썼다.

1897년(58세)

건강이 안 좋았으나 지공주의를 전파하기 위해, 출마하면 죽을 수 있다는 의사의 경고를 물리치고 다시 뉴욕시장 선거에 출마했다. 강행군 끝에 투표일을 나흘 앞둔 10월 29일에 사망했다. 장례식에는 10만 여 명이 조문을 했다.

1898년(사후)

『정치경제학 *The Science of Political Economy*』이 출간되었다.

주

1) 성경에 나오는 과일. 겉보기는 아름답지만 나무에서 따면 연기와 재로 변한다.
2) 프랑스 철학자. 저서로는 『사회계약론 Contrat Social』 『인간불평등기원론』 따위가 있다.
3) 프랑스 작가. 프랑스 대혁명의 반동적인 인물.
4) 미국의 교육자이자 정치철학자.
5) 남아메리카 대륙 남단에 있는 미개지.
6) 영국의 경제학자. 저서로는 『인구론 An Essay on the Principle of Populations』(1798)이 있다.
7) 영국의 경제학자. 저서에는 『정치경제학 원리 Principles of Political Economy』 『자유론』 따위가 있다.
8) 영국의 철학자. 인용한 글은 『사회정학 Social Statics』에 나온다.
9) 크리스찬Christian, 페이스풀Faithful, 그레이트하트Greatheart : 버니언John Bunyan(1628~1688)의 『천로역정 Pilgrim's Progress』에 나오는 주인공 이름. 크리스찬의 아내와 자식이 성지(Celestial City) 순례를 가는데 그레이트하트가 안내를 맡으며, 페이스풀은 허영의 시장(Vanity Fair)에서 죽는다.
10) 조로아스터교에서 가장 높은 자리에 있는 선신善神. 세상의 창조자이며 인류의 수호자이다. 암흑과 악의 우두머리인 아리만과 싸워 새로운 세계를 구현한다.
11) Tiberius Gracchus(기원전 162~133), Gaius Gracchus(기원전 153~121). 로마의 정치가. 형제는 빈민을 위해서 토지개혁을 시도했으나 형은 반대파에게 암살당했고, 동생은 자살했다.

리 조지는 분개해 이 책을 썼다.

1897년(58세)

건강이 안 좋았으나 지공주의를 전파하기 위해, 출마하면 죽을 수 있다는 의사의 경고를 물리치고 다시 뉴욕시장 선거에 출마했다. 강행군 끝에 투표일을 나흘 앞둔 10월 29일에 사망했다. 장례식에는 10만 여 명이 조문을 했다.

1898년(사후)

『정치경제학 *The Science of Political Economy*』이 출간되었다.

주

1) 성경에 나오는 과일. 겉보기는 아름답지만 나무에서 따면 연기와 재로 변한다.
2) 프랑스 철학자. 저서로는 『사회계약론 Contrat Social』 『인간불평등기원론』 따위가 있다.
3) 프랑스 작가. 프랑스 대혁명의 반동적인 인물.
4) 미국의 교육자이자 정치철학자.
5) 남아메리카 대륙 남단에 있는 미개지.
6) 영국의 경제학자. 저서로는 『인구론 An Essay on the Principle of Populations』(1798)이 있다.
7) 영국의 경제학자. 저서에는 『정치경제학 원리 Principles of Political Economy』 『자유론』 따위가 있다.
8) 영국의 철학자. 인용한 글은 『사회정학 Social Statics』에 나온다.
9) 크리스찬Christian, 페이스풀Faithful, 그레이트하트Greatheart : 버니언John Bunyan(1628~1688)의 『천로역정 Pilgrim's Progress』에 나오는 주인공 이름. 크리스찬의 아내와 자식이 성지(Celestial City) 순례를 가는데 그레이트하트가 안내를 맡으며, 페이스풀은 허영의 시장(Vanity Fair)에서 죽는다.
10) 조로아스터교에서 가장 높은 자리에 있는 선신善神. 세상의 창조자이며 인류의 수호자이다. 암흑과 악의 우두머리인 아리만과 싸워 새로운 세계를 구현한다.
11) Tiberius Gracchus(기원전 162~133), Gaius Gracchus(기원전 153~121). 로마의 정치가. 형제는 빈민을 위해서 토지개혁을 시도했으나 형은 반대파에게 암살당했고, 동생은 자살했다.

12) 잔 다르크Jeanne d'Arc(1412~1431). 영국과 프랑스의 백년전쟁 당시 오를레앙의 영국군을 물리쳐 프랑스를 위기에서 구출했다.
13) 그리스의 로크리스Locris에서 테살리Thessaly에 이르는 군사 요충로. 기원전 480년 스파르타 왕 레오니다스Leonidas가 3백 명의 군사로 페르샤 왕 크세르크세스Xerxes의 군대를 막아 낸 것으로 유명하다.
14) 스위스의 애국자. 1386년 오스트리아 군의 창을 가슴에 끌어안고 전사했다.
15) 프랑스의 가톨릭 개혁가, 성인. 자선 수녀회(Sisters of Charity)를 창설했다.
16) 『영웅전』의 저자.
17) 출애굽기(20: 2)에 나오는 표현. 이스라엘 백성이 노예 생활을 하던 이집트를 의미한다.
18) 지브롤터 해협에 있는 바위 이름. 헤라클레스가 게리온Geryon을 찾으러 다닐 때 그 위치에 두었다는 말이 있다. 게리온은 그리스 신화에 나오는 괴물로 머리와 몸통이 셋이고 날개가 있다. 오늘날 스페인 카디즈Cadiz 지방에 살았으며, 헤라클레스가 죽였다고 한다.
19) 프랑스의 마을. 절대적으로 병력이 열세였던 영국 군대가 프랑스 군대를 격파한 곳. 크레시는 1346년의 전쟁터였고, 아쟁쿠르는 1415년 헨리 5세가 프랑스 군을 격파했던 전쟁터였다.
20) 성 요한이 귀양살이를 하던 섬으로 계시록에 기록된 계시를 보았다. 밧모 섬이라고도 한다.
21) 벽옥 담장과 진주 대문은 하나님의 나라를 의미한다. 요한계시록(21:18~21)의 표현.
22) 예수를 뜻한다. 이사야(9:6) 참조.
23) 위에서 소개한 여러 외국 문헌은 헨리 조지와 관련한 저작물을 보급하는 것이 목적인 아래 재단으로 연락하면 구입할 수 있다.

Robert Schalkenbach Foundation 149 Madison Avenue, Suite 601 New York, NY 10016-6713 U.S.A. Phone 212-683-6424; Toll-Free 800-269-9555; Fax 212-683-6454 http://www.shalkenbach.org e-mail : staff@schalkenbach.org

진보와 빈곤 땅은 누구의 것인가

펴낸날	초 판 1쇄	2007년 2월 27일
	개정판 10쇄	2018년 9월 10일

지은이 **김윤상 · 박창수**
펴낸이 **심만수**
펴낸곳 **(주)살림출판사**
출판등록 1989년 11월 1일 제9-210호

주소 경기도 파주시 광인사길 30
전화 031-955-1350   팩스 031-624-1356
홈페이지 http://www.sallimbooks.com
이메일 book@sallimbooks.com

ISBN 978-89-522-1042-5   04080
978-89-522-0314-4   04080 (세트)

※ 값은 뒤표지에 있습니다.
※ 잘못 만들어진 책은 구입하신 서점에서 바꾸어 드립니다.